현대인의 영혼을 풍요롭게 하는

영어 기도 詩의 향기

차재국 편역

도서
출판 영문

독자들에게:

    이 영미 기도시는 미국, 영국, 캐나다, 호주, 뉴질랜드, 등 여러 영어권 나라의 기독 시인들이나 성도들이 은혜를 받고 쓴 작품들을 한 권의 책으로 엮었다.
    기쁨과 감사와 고뇌와 시련 가운데 쓴 마음의 고백들이 담긴 문장들로서 현대를 살아가는 우리들에게 잔잔한 감동과 감화를 주는 영적인 시들이다.
    본서에 담긴 작품들은 지나치게 문학적인 표현 보다는 일상 생활적인 언어들을 사용한 문장들이 많고, 시인들의 연령층도 다양하여 성숙한 어른들의 수준으로 부터 어린아이의 수준에 이르기 까지 폭 넓은 시의 세계를 맛볼 수 있다. 따라서 문체도 대체로 평이하여 영어에 관심이 있는 자는 누구든지 쉽게 읽을 수 있다.
    오랜 세월 삭막한 벌판에서 허물어진 채 홀로 나딩굴어진 스코틀랜드의 어느 오두막의 모습처럼, 삶에 시달리고 상한 현대인의 영혼이 여기에 실린 영어 기도시의 감미로운 속삭임으로 위안을 얻고 행복한 삶을 누리시기를 기대한다.
    이 영어 기도시집을 출판해 주신 영문출판사의 김수관 사장님께 깊은 감사의 마음을 드린다.

차례

● 독자들에게 …… 3

Part 1 ●서시(序詩) • 하나님 • 예수 그리스도

주님의 시인 (POET OF THE LORD)	존 매리넬리/	13
하나님은 나의 모든 것 (GOD IS EVERYTHING)	재니스 힝글레이/	15
외로운 인생 (ONE SOLITARY LIFE)	캐롤 호퍼/	17
나의 보배로운 선물 (MY TREASURED GIFT)	진 웨이크필드/	19
예수 그리스도 (JESUS CHRIST)	/	21
주님은 : (THE LORD IS:)	빅키 램딘/	23
죄 씻음 (BE WASHED)	S. R. 엘우드/	25
나에게 예수를 다오 (GIVE ME JESUS)	패니 크로스비/	27

Part 2 ●교훈 • 위로

헬렌 스테이너 라이스의 낙천적 사고에 관한 10계명 (HELEN STEINER RICE'S 10 COMMANDMENTS FOR HAPPY LIFE)	/	31
성경과 TV 가이드 (BIBLE OR TV GUIDE)	/	33
그대가 만약 분주하면 (IF YOU WERE BUSY)	/	35
무지개에게 보내는 눈물 (TEARS TO RAINBOWS)	재니스 데릭/	37
말 (WORDS)	사론 엘레인 카핀터/	39
대가 (THE COST)	사론 엘레인 카핀터/	41

모든 것 당신하기 탓 (IT'S UP TO YOU) / 43
모래위의 발자국 (FOOTPRINTS) 마가렛 피쉬백 파워/ 45
대신에 (INSTEAD OF) / 47
그분을 생각하라 (CONSIDER HIM) / 49
하나님은 약속하시지 않았네 (GOD HATH NOT PROMISED) / 51
언제나 함께 하시는 하나님 (GOD IS ALWAYS THERE) 루스 존슨/ 53
위로 (COMFORT) 윌리스 에이 데온/ 55
두려움 (FEARS) 타마라 로/ 57
하나님의 상자 (GOD'S BOXES) 필리스 디 죠ㄹ리프/ 59
모든 눈물 모으시고 (HE GATHERS EVERY TEAR) 글렌다 풀톤 대이비/ 61
담대하라 (TAKE HEART) / 63
하나님의 위로가 그대와 함께 하시기를 레오나 아이 밀러/ 65
(MAY GOD COMFORT YOU)
슬픔에 잠겨 있을 때 (IN TIME OF SORROW) 레오나 I 밀러/ 67

Part 3 ● 성령 · 능력 · 간구 · 헌신 · 영성

오 성령이여 (OH HOLY SPIRIT) / 71
그가 하셨고, 하실 수 있고, 하실 것이다 마틴 루터/ 73
(HE DID -- HE CAN -- HE WILL)
나는 (I AM) 시스타 제이/ 76
하나님의 뜻이 아닌 곳 (THE WILL OF GOD) / 79
존귀 (MAJESTY) 거트루드 제퍼리즈/ 81
주위를 돌아보면 (LOOK AROUND) 니콜라 진/ 83
누가 하였을까? (WHO?) 탐 자아트/ 85
언제나 기도하게 하소서 (ALWAYS SAY A PRAYER) / 87
기도는 하나님께 가는 계단 헬렌 스테이너 라이스/ 89
(PRAYERS ARE THE STAIRS TO GOD)91

축복 (BLESSINGS) / 91
하나님의 거절 (AND GOD SAID NO) 클라우디아 민덴 웰쯔/ 94
오 주님 저를 기억하소서(OH LORD REMEMBER ME) 레오나 아이 밀러/ 97
죄인의 기도 (SINNER'S PRAYER) 필리스 디 리프/ 99
기도의 날개를 타고 (ON THE WINGS OF PRAYER) / 101
가슴 속에 기도를 품어라 (KEEP A PRAYER IN YOUR HEART) / 103
나의 기도 (MY PRAYER) 빈센트 맥로-애터드/ 105
헌신의 기도 (PRAYER OF DEVOTION) 성 리차드 치체스터/ 107
포기의 기도 (PRAYER OF ABANDONMENT) 찰스 더 포콜/ 109
영적 부흥과 담대한 믿음을 위한 기도 프란시스 드레이크 경/ 111
(PRAYER FOR SPIRITUAL REVIVAL AND BOLD FAITH)
의심과 믿음 (DOUBT VERSUS FAITH) / 113
꿈 (DREAMS) 론 디마르코/ 115
영원한 반석 (THE ROCK OF AGES) / 117
두 번째 생명 (SECOND BREATH) 랜디 R 에반스/ 119
정상과 계곡에서 (ON MOUNTAINTOPS AND VALLEYS) 린다 제이 스티븐슨/ 122
새벽 별 (MY LIGHT AT DAWN) 에밀리 맥아담스/ 126

Part 4 소망·우정·찬양

마지막 계절 (THE FINAL SEASON) 루스 존선/ 131
이 땅의 삶속에서는 (IN THIS LIFE) 마이크 홀/ 133
기다림 (WAIT) 진 그리핀/ 135
고통의 밤이 지나면 (ALL THROUGH THE NIGHT) 진 그리핀/ 137
그 곳에는 (IN A LAND) 메어리 프란시스 라이트/ 139
그날은 어떤 날일까 (WHAT A DAY THAT WILL BE) 필립 R 드로기치/ 141
우정의 선물 (THE GIFT OF FRIENDSHIP) 헬렌 스테이너 라이스/ 143
친구들 (FRIENDS) 스티븐 한나/ 145

인생의 봄 (SPRING OF LIFE) · 루스 존슨/ 147
새처럼 노래하라 (SING AS THE BIRDS SING) · · · · · · · · · · · · · · · 노마 진 던칸/ 149
고요함 (QUIETNESS) · 에벌린 이델르 드류어 죠이/ 151

Part 5 ● 고백 · 임재 · 결단

빛의 길 (THE LIGHTED PATH) · 재이 파이/ 155
속삭임 (ALL I COULD WHISPER WAS "JESUS") · · · · · · · · · · · 베티 G 알렉산더/ 157
주님, 사랑합니다 (I LOVE YOU LORD) · 스티브 한나/ 159
예수님께 더 가까이 (CLOSER TO JESUS) · 샤론 맥스월/ 161
나의 주 나의 구속자 (MY LORD AND REDEEMER) · · · · · · · · · · · · · · · · · 엘리너 벨/ 163
언제나 만나 주시는 하나님 (GOD IS ALWAYS AVAILABLE) · · · · 에벌린 디 푸트남/ 165
그늘 (SHADOWS) · 브렛 클릭/ 167
누군가 지켜보시네 (SOMEONE WATCHES) · 빅키 램딘/ 169
이제 이해가 되요 (NOW I UNDERSTAND) · · · · · · · · · · · · · · · · · 버블리 제이 앤더슨/ 171
겸손한 종이 되게 하소서 (LET ME BE A HUMBLE SERVAN) 게일 스탠포드 서롯낵/ 173
나를 따르라 (FOLLOW ME) · 캐롤린 포터/ 175
도우시는 손길 (A HELPING HAND) · 스티브 한나/ 177
내 삶의 세월들이 (WHEN THE TIMES OF MY LIFE) · · · · · · · · · · · 크리스 메이슨/ 179
무릎으로 걷기 (TRAVELING ON YOUR KNEES) · / 182

Part 6 ● 사랑 · 생활 · 성취

사랑 (LOVE) · 에벌린 이델르 드류어 죠이/ 187
인생 (LIFE) · 에벌린 이델르 드류어 죠이/ 189
질 그릇 (A POT OF CLAY) · 멜리사 샌더스/ 192
참새 (SPARROWS) · 로빈 밀람 홀/ 195

사랑이 어디 있는가 (WHERE IS LOVE) ... 엘리너 벨/ 197
예수님의 사랑 (JESUS' LOVE FOR US) ... 199
만일 예수님이 당신 집에 오신다면 (IF JESUS CAME TO YOUR HOUSE) / 202
매일의 기도 (MY DAILY PRAYER) ... 그렌빌르 클라이저/ 205
매일의 신조 (DAILY CREED) ... / 207
일곱 송이 수선화 (SEVEN DAFFODILS) ... 노래: Brothers Four/ 210
고적한 아침 시간 (MORNING SOLITUDE) ... 토마스 덕/ 213
인생 (LIFE) ... 로버트 A. J. 쿡/ 215
하나님의 때 (GOD'S TIMING) ... 미쉘르 에스 로운더스/ 217
하나님이여 그 깃발을 구하소서 (GOD SAVE THE FLAG) ... 올리버 웬델 홈즈/ 219
불멸 (IMMORTALITY) ... 매튜 아놀드/ 221
예루살렘 (JERUSALEM) ... 윌리암 블레이크/ 223

Part 7 ● 응답 · 감사 · 인내 · 의지

그대 위해 기도하였으니 (I SAID A PRAYER) ... 낸시 버어/ 227
선물 (TAKE THE GIFT) ... 재이 W 메이즈/ 229
역경 속의 감사 (I DO GIVE THANKS ...) ... / 231
아버지 감사합니다 (THANK YOU, FATHER) ... 재니스 힝글레이/ 233
오래 참으라 (PERSEVERE) ... 그레이스 만/ 235
포기 하지 마세요 (DON'T GIVE UP!) ... 아만다 오코너/ 237
그의 돌보심 가운데 (IN HIS CARE) ... 스티븐 한나/ 239
섭리 (PROVIDENCE) ... 리차드 하세프라스/ 241
성장하는 곳은 골짜기라네 (IT'S IN THE VALLEY I GROW) ... / 243
중단 하지 마시오 (DON'T QUIT) ... / 245
언제나 순풍만이 있는 것 아니라오
(THE WIND'S NOT ALWAYS AT OUR BACK) ... / 247

회개 • 믿음 • 전도 • 목회자 • 봉사 • 결혼 • 창조/자연

또 한명의 영혼이 회개 하면 (ONE MORE SPIRIT MENDED) 게리 레쉬/ 251
산을 옮길 만한 믿음 (FAITH TO MOVE MOUNTAINS) 샤론 램킨/ 254
모든 것 (EVERYTHING) / 258
믿음, 소망 그리고 사랑 (FAITH, HOPE & LOVE) 엘리너 벨/ 261
내 양을 먹이라 (FEED MY SHEEP) 잭키/ 264
목회자의 마음 (A PASTOR'S HEART) 디나 맬라위/ 267
응답 받은 기도 (ANSWERED PRAYER) 부치 니콜스 목사/ 269
목회자의 아내 (THE PASTOR'S WIFE) 쥬디 디커스/ 272
유아 실 당번 (MY TURN IN THE NURSERY) / 275
참된 섬김 (SERVICE IS NOT SPELLED SERVE-US) /171 277
결혼식 기도 (A MARRIAGE PRAYER) 코니 쿡/ 280
가지 않은 길 (THE ROAD NOT TAKEN) 로버트 리 프로스트/ 283
눈오는 저녁 숲가에 서서 (Stopping By Woods on a Snowy Evening) 로버트 프로스트/ 285
무지개 (THE RAINBOW) 윌리엄 워즈워드/ 287
수선화 (DAFFODILS) 윌리엄 워즈워드/ 290

●References

PART 1

서시(序詩)
하나님
예수그리스도

POET OF THE LORD

John Marinelli

Hear, oh Poet of the Lord.
I offer you a great reward,
A gift that shall never cease,
An outpouring of Joy and Peace.

I send you from my throne above,
As a messenger of my eternal Love,
To a lost and dying land,
To every creature, every man.

Speak, Oh Poet of the living God.
Dare to walk where Angels trod.
Tell your world in Rhymes of Praise,
Of Jesus, whom from the dead I raised.

I give you words full of life.
Use them as an end to strife.
Send them by land and sea,
For this is your destiny.

I have chosen you especially by name,
So set aside your sorrow and shame,
And speak now on my behalf,
Of love and peace and even wrath.

Listen closely for my inner voice,
And pen your rhymes of choice.
Then cry aloud, as I speak to you,
So others may know me, as you do.

주님의 시인

존 매리넬리

오, 들을 지어다. 주님의 시인이여.
내가 네게 큰 보상을 하리라,
고갈되지 않는 재능을 주리라,
기쁨과 평화를 부어 주리라.

높은 보좌로부터 너에게 보내리니,
내 영원한 사랑의 사자(使者)를.
상실의 땅, 죽음의 땅으로,
모든 피조물에게 모든 인간들에게로.

오, 말하게나, 살아계신 하나님의 시인이여.
천사들이 밟은 그 길을 담대히 걷게나.
찬양의 운율로, 네가 사는 세상 사람들에게 말하라,
예수의 운율로 말하라, 내가 그를 사망에서 일으켰나니.

생명 가득한 말씀을 네게 주노라.
그 말씀을 삶의 목적으로 삼아라.
그 말씀을 대지로 바다로 전파하라.
이것이 그대의 운명이니.

내가 너를 지명하여 불렀나니,
슬픔과 부끄러움일랑 내려놓고,
내 대신 사랑과 평화를 전하라,
심지어 징벌까지도.

나의 속삭이는 음성에 귀 기울이라,
아름다운 운율을 글로 옮기게나.
그리고 큰 소리로 외쳐라, 내가 네게 말한 것처럼,
다른 사람들이 나를 알도록, 마치 네가 나를 알듯이.

GOD IS EVERYTHING

Janice Hingley

"I am the Alpha and the Omega."

God is the beginning, God is the end,
God is in a bird, on the wing.
God is a friend, God is the sky,
God is the earth, God is the why.
God is the reason for our birth.

God is in the morning, God is in the night.
God made time's dawning, God's son is the light.
God is love, in love,
God is in a smile,
a twinkling eye,
clouds in the sky,
is the reason,
is the season,
is found in art,
and in a beating heart.

God is in the sunshine, God is in the rain.
God is the rhyme in a poet's line.
He is with you through the pain.
God is eternity,
God is everything............to me!!!

하나님은 나의 모든 것

재니스 힝글레이

"나는 알파요 오메가이니라."

하나님은 처음이요, 마지막이 되신다,
하나님은 날개 짓을 하는 새 안에도 계신다.
하나님은 친구이며 하나님은 하늘이시다,
하나님은 땅이며 하나님은 만물의 근원이 되시며,
하나님은 우리가 태어난 이유가 되신다.

하나님은 아침 속에도 계시며 저녁 속에도 계신다.
하나님은 새벽을 만드셨고, 하나님의 아들은 빛이시다.
하나님은 사랑이시라, 사랑 안에 계신다,
하나님은 미소 안에 계신다,
반짝이는 눈 속에도,
하늘의 구름 속에도,
하나님은 이유가 되시며,
계절이 되시며,
예술품 속에도 계시며,
심장의 박동 속에도 계신다.

하나님은 햇빛 속에도 계시며, 빗속에도 계신다.
하나님은 시인의 운율 속에도 계신다.
그는 고통 중에 우리와 함께 하신다.
하나님은 모든 것,
나에게 모든 것 되신다!!!

ONE SOLITARY LIFE

                              Carol Hopper

He was born in a stable in an obscure village.
From there He traveled less than 200 miles
He never won an election, He never went to college
He never owned a home, He never had a lot of money

He became a nomadic preacher.
Popular opinion turned against Him.
He was betrayed by a close friend.
And His other friends ran away.

He was unjustly condemned to death.
Crucified on a cross among common thieves,
On a hill overlooking the town dump.
And when dead, laid in a borrowed grave.

Twenty centuries have come and gone,
empires have risen and fallen.
Mighty armies have marched,
And powerful rulers have resigned.

Yet no one has affected men as much as He.
He is the central figure of the human race.
He is the Messiah, the Son of God

외로운 인생

캐롤 호퍼

그는 어느 한 작은 마을의 구유에서 태어났다오.
거기서 200마일 이상 나가 본 적이 없었다오.
그는 선거에 출마 한 적도, 대학에 다녀 본 적도 없다오.
그는 자기 집을 소유해 본적이 없고, 거액의 재산을 벌어 본 적도 없다오.

그는 이곳저곳을 떠돌며 말씀을 전했다오.
대중 여론에 따돌림을 당했고,
친한 친구로부터 배신을 당했다오.
그리고 그의 다른 친구들은 도망을 가버렸다오.

그는 부당하게 사형 선고를 받았다오.
마을이 내려다보이는 언덕에서
강도들과 함께 십자가에 못 박혔다오,
그가 죽었을 때, 남에게 빌린 묘지에 장사되었다오.

20개의 세기가 오고 갔다오,
수많은 제국들이 흥망했다오.
강한 군대가 행군하며 지나갔고,
강한 통치자도 물러갔다오.

하지만 아직 그분만큼 많은 영향을 끼친 사람은 아무도 없었다오.
그는 모든 인류의 중심에 선 분이라오.
그는 메시아, 하나님의 아들이시라오.

MY TREASURED GIFT

Jean Wakefield

There is something deep inside my heart
That Jesus gave to me
The day He came into my life
And set this captive free

I cannot see it, hear it, touch it,
But I know it's always there,
He gave it to me specially
So with others I would share.

It cost Him everything He had,
But still He gave to me,
A gift that cannot be replaced
But will last eternally.

The gift He gave me was His love
And I keep it safe inside,
But it's a gift that grows and grows
And one I cannot hide.

For with that love there comes a light,
That shines out like a star,
So that all the world may see
How great a King you are.

You gave me life; you gave me joy,
These things I treasure most.
The day you gave me all these gifts,
You died upon the cross.

나의 보배로운 선물

진 웨이크필드

내 마음의 심연(深淵)에 소중한 것 있으니
그건 바로 예수님의 선물
그분이 내 삶에 들어오신 날
이 포로 된 자 자유케 하셨네

볼 수도 없고, 들을 수도 없고, 만질 수도 없으나,
언제나 거기 있음을 내가 아네
특별히 나에게만 주셨지만
나는 그것을 다른 사람과 나누기를 원하네.

그가 가진 모든 것을 지불하여,
이 선물 나에게 주셨네,
다른 것과 바꿀 수없는 선물
영원한 선물 일세.

그가 내게 준 선물은 그의 사랑이었네
나는 그 선물을 내 속에 간직하네,
그 선물은 자라고 자라서
감출 수가 없네

그 사랑과 더불어 한 줄기 빛이 나와
별처럼 반짝여,
온 세상이 그 빛을 볼 수 있네
당신은 위대한 왕이십니다.

당신이 내게 생명을 주셨습니다; 나에게 기쁨을 주셨습니다.
이것이 내게 가장 값진 선물입니다.
이 모든 선물 제게 주시던 날은,
당신은 십자가에 돌아가신 날입니다.

JESUS CHRIST

J esus, Son of God Eternal
E verlasting Lord is He,
S avior of a world of sinners,
U niversal King to be,
S ought us, brought us victory.

C hrist is due all adoration,
H umbly born to save our race,
R uler of the whole creation
I ntercedes and gives us grace,
S aves us from sin's condemnation,
T ruly worthy of all praise!

예수 그리스도

J 예수, 영원한 하나님의 아들
E 영원하신 주,
S 세상 모든 죄인들의 구세주,
U 만왕의 왕,
S 우리를 찾으시고 우리에게 승리를 주셨네.

C 그리스도는 모든 찬양을 받으실 분,
H 우리 인류를 구원하시기 위하여 초라하게 태어나신 분,
R 모든 창조물들의 통치자,
I 우리를 위해 중보하시고 우리에게 은혜를 주시는 분,
S 죄의 형벌에서 우리를 구원하시고,
T 진정으로 모든 찬양을 받으시기에 합당하시도다!

THE LORD IS:

Vickie Lambdin

The Lord is my strength, my light, and my shield;
To all of His wishes, and words, I shall yield.
When in total darkness, he is my sight,
If I stumble and fall, He lifts me upright.

The Lord is my anchor, my friend, and my guide;
He will not forsake me, He will stay by my side.
He was my Savior, when lost was my soul,
Through His grace, and forgiveness, His love made me whole.

He always corrects me, you know, when I'm wrong;
And when my spirit grows weak, His love keeps me strong.
The rock of salvation, He is steady, and true,
And the blood that He shed, was for me and for you.

When I'm down in the valley He reaches for me;
Picks me up gently, and sets my soul free.
The Lord is my fountain, when I need a drink,
He keeps my soul above water, he will not let me sink.

주님은 :

빅키 램딘

주는 나의 힘, 나의 빛, 나의 방패;
그의 모든 소원과 말씀에 순종하리라.
암흑 속에서도 그로 인하여 볼 수 있네,
내가 넘어지고 쓸어져도 나를 일으켜 세우시네.

주는 나의 닻, 나의 친구, 나의 인도자;
그가 나를 버리지 않으시고, 내 곁에 계시네.
내 영혼이 길을 잃고 방황할 때 나를 구원하셨도다.
은혜내리시고 죄 용서하시는 그의 사랑 나를 온전케 하셨네.

그릇 행할 때 마다 나를 바로 잡으시고;
내 영이 약해 질 때 마다 그의 사랑으로 나를 강하게 붙드셨도다.
그는 구원의 반석, 불변하시고 진실하시도다.
그가 흘리신 보혈은 나와 당신을 위함이라.

내가 깊은 골자기에 빠질 때, 손을 뻗어 나를 건지시는 도다;
나의 영혼 사뿐히 들어 올리사 자유케 하시는 도다.
주는 내가 목마를 때, 나의 샘이 되사,
내 영혼 물위로 들어올리사 가라앉지 않게 하시는 도다.

BE WASHED

S. R. Elwood

As I walk through the valley of shadows,
the essence of death I do hear,
But Jesus my Savior goes with me,
and shadows of death I will not fear.

He is my strength and my fortress,
My Armor, my Shield, and my Light,
His Blood has Washed my soul guiltless,
For me there is now no night.

I'll stroll through Heavens grand gardens,
With Jesus my Lord and my King,
Forever in splendor and beauty,
I'll lift up my voice and there sing.

I'll sing a song of Great Mercy,
how Jesus did die on the cross,
I'll sing how He Rose up Victorious,
I'll sing of no sorrow nor loss.

'Oh sinner' come kneel at the fountain,
The Blood of Christ that does flow,
Come drink of Life Everlasting,
be Washed, yes Whiter than Snow.

죄 씻음

S. R. 엘우드

내가 음침한 골자기 거닐 때,
사망의 소리 들리지만
나의 구주 예수님 나와 동행하시니,
사망의 그늘 두렵지 않네.

그는 나의 힘이요 나의 요새시며,
나의 군병, 나의 방패, 그리고 나의 빛이 되사,
그의 피가 내 영혼의 죄를 씻기 셨으니,
이제 나에게 어두운 밤 사라지리.

내가 천국의 화려한 정원 거닐리라,
나의 주 나의 왕 예수님과 함께,
영원토록 눈부신 광채 속에서,
목소리 높여 찬양 부르리.

크신 자비 노래하리.
예수님이 십자가에 달려 죽으심을,
그가 무덤에서 부활하여 승리하신 것을,
이제 나는 슬픔과 상심(傷心)의 노래 부르지 않으리.

오, 죄인이여 그리스도의 보혈이 흐르는,
영원한 샘 앞에 무릎 꿇으세.
와서 영생수를 마시세.
죄 씻음 받으라, 눈보다 더 희게.

GIVE ME JESUS

Fanny Crosby

Take the world, but give me Jesus,
All His joys are but a name;
But His love abideth ever,
Thro' eternal years the same.

Take the world, but give me Jesus,
In His Cross my trust shall be;
Till, with clearer, brighter vision,
Face to face my Lord I see.

나에게 예수를 다오

패니 크로스비

세상을 다 가져가고 나에게 예수를 다오,
그의 모든 기쁨은 한 낱 이름에 불과한 것;
그러나 그의 사랑은 영원하네,
영원토록 불변하시네.

세상을 다 가져가고 나에게 예수를 다오,
그의 십자가 내가 믿으리;
더 맑게 더 밝게
내가 주님을 대면하여 보는 그날 까지.

PART 2

교훈
위로

HELEN STEINER RICE'S
10 COMMANDMENTS FOR HAPPY LIFE

1. Thou shalt be happy
2. Thou shalt use thy talents to make others glad.
3. Thou shalt rise above defeat and trouble.
4. Thou shalt look upon each day as a new day.
5. Thou shalt always do thy best and leave the rest to God.
6. Thou shalt not waste thy time and energy in useless worry.
7. Thou shalt look only on the bright side of life.
8. Thou shalt not be afraid of tomorrow.
9. Thou shalt have a kind word and a kind deed for everyone.
10. Thou shalt say each morning -- I am a child of God and nothing can hurt me.

헬렌 스테이너 라이스의

낙천적 사고에 관한 10계명

1. 너희는 행복하라.
2. 너희는 다른 사람들을 기쁘게 하는 재능을 발휘하라.
3. 너희는 패배와 고난을 초월하라.
4. 너희는 매일을 새로운 날로 간주하라.
5. 너희는 언제나 최선을 다하고 나머지는 하나님께 맡겨라.
6. 너희는 소용없는 염려에 시간과 힘을 낭비하지 말라.
7. 너희는 인생의 밝은 면만 보라.
8. 너희는 내일을 두려워 말라.
9. 너희는 모든 사람들에게 친절한 말과 친절한 행동을 하라.
10. 너희는 매일 아침마다 "나는 하나님의 자녀이다. 아무도 나를 해치지 못하리라."라고 말하라.

BIBLE OR TV GUIDE

On the table side by side:
The Holy Bible and the TV Guide.
One's well worn but cherished with pride
(Not the Bible, but the TV Guide).
One's used daily to help folk decide,
No! It isn't the Bible, it's the TV Guide.
As pages are turned, what will they see?
Oh, what does it matter, turn on the TV.
Then confusion reigns, they can't all agree
On what they will watch on the old TV.
So they open the book in which they confide
(Not the Bible, it's the TV Guide).
The Word of God is seldom read-
Maybe a verse o'er they fall into bed
Exhausted and sleepy and tired as can be,
(Not from reading the Bible: from watching TV).
So then back to the table, side by side,
Are the Holy Bible and the TV Guide.
No time for prayer, no time for the Word.
The way of salvation is seldom heard.
Abiding in Christ so full and free
is found in the Bible, not on TV.

성경과 TV 가이드

탁자위에 성경과 TV 가이드가
나란히 놓여있다.
그 중 한 권은 낡았지만 위풍을 뽐내고 있다.
(하지만 그것은 성경이 아니라 TV 가이드이다).
그 중 한권은 날마다 사람들이 결정을 내릴 때 참고로 한다,
그것 역시 성경이 아니라 TV 가이드라네.
책을 넘기면, 무엇이 눈에 띨까?
오, 무슨 상관이겠는가, TV를 틀면 되지.
그리곤 혼란에 빠진다네, 식구마다 생각이 다르니.
그 낡은 TV에서 무슨 프로그램을 볼까 망설이다가.
결국 그들은 믿음직한 그 책을 펴게 된다네
(하지만 그것은 성경이 아니라 TV 가이드라네).
하나님의 말씀은 읽지 않고-
혹 잠자리에 들어서 한 구절 읽을 까 말 까
피곤에 지칠 대로 지치고 눈에는 잠이 퍼붓고,
(성경을 읽어서가 아니라; TV를 너무 많이 시청해서).
그리곤 다시 탁자에 나란히 놓이게 되지,
성경과 TV 가이드가
기도할 시간이 없고, 말씀 읽을 시간도 없으니.
구원으로 인도하는 길을 듣지 못 하네.
그리스도 안에 충만히 자유롭게 거하려면
TV가 아니라 성경을 읽어야만 한다네.

IF YOU WERE BUSY

If you were busy being kind,
Before you knew it you would find
You'd soon forget to think 'twas true
That someone was unkind to you.

If you were busy being glad
And cheering people who seem sad,
Although your heart might ache a bit,
You'd soon forget to notice it.

If you were busy being good,
And doing just the best you could,
You'd not have time to blame some man
Who's doing just the best he can.

If you were busy being true
To what you know you ought to do,
You'd be so busy you'd forget
The blunders of the folks you've met.

If you were busy being right,
You'd find yourself too busy quite
To criticize your brother long,
Because he's busy being wrong.

그대가 만약 분주하면

그대가 만약 친절을 베푸는 일에 분주하면,
어느새 알게 되리
그대에게 불친절했던 사람들에 대한 감정을
잊어버린다는 사실을.

그대가 만약 기뻐하는 일에 분주하면,
그리고 슬픔에 빠진 자들을 격려하면,
그대의 마음이 아플 때
그 아픔 느끼지 못한다오.

그대가 만약 선을 행하는 일에 분주하면,
그리고 최선을 다하면,
최선을 다하는 사람을
나무랄 틈 없으리.

그대가 만약 진실 된 삶을 사느라 분주하면,
마땅히 해야 할 일에 대하여,
만나는 사람들이 범하는 실수를
쉽게 잊게 되리.

그대가 만약 의를 행하는 데 분주하면,
너무 분주하여
악을 행하는 형제에 대하여
영원히 비판하지 않으리.

TEARS TO RAINBOWS

Janice Derrick

Tears are not burdens, for our shoulders to bear.
But a gentle reminder that our Lord is right here.
The waterfall of sorrow that flows from our eyes.
Cast a beautiful rainbow sent from the vast skies.
The tears that flow so freely without end,
Goes to the inner most depth of the heart, my friend.
It is in that place where we hear the replies
Of our many questions of our where's, what's and why's.
So the next time you feel a tear begin to cloud your eye,
Or gaze at a rainbow covering the sky.
Know there's a pot of gold at your rainbow's end,
It's from you Dear Savior, the friend of all friends.

무지개에게 보내는 눈물

재니스 데릭

눈물은 우리들의 어깨에 짊어져야할 짐이 아니다.
오히려 주님이 그곳에 계신다고 넌지시 알려주는 것.
슬픔이 폭포처럼 우리들의 눈에서 흘러내릴 때.
광활한 하늘에서 한줄기 아름다운 무지개가 내리노니.
눈물이 끝없이 흘러내려,
심령의 가장 깊은 곳에 까지 이르면, 친구여.
그곳은 바로 우리가 어디에 있으며, 무엇이며, 왜 사는 가와 같은
수많은 질문에 대한 대답을 듣는 곳이네.
그러므로 다음엔 눈물이 앞을 가릴 때면
하늘을 덮은 무지개를 응시하게나.
무지개가 사라지면 우리들의 절친한 친구인
사랑하는 주님으로 부터 황금 항아리 내리리라.

WORDS

Sharon Elaine Carpenter

Words often seem like little things
And yet they mean so much
Depending on the use of them
Can hurt or cheer one up

How often do you choose your words
With caution and great care
Or, do you speak them carelessly
Not thinking, unaware

Of how they cut and mutilate
The pain goes deep within
Because we see the use of words
As dust blown in the wind

Scattered here and scattered there
To hurt the one who may
Without a thought, so innocently
Happen in the way

Now this is not intentional
Oh, No! we wouldn't dare
To be so thoughtless to our friends
That would be quite unfair

Remember words are precious
A Treasure to employ
For spreading among those we greet,
much happiness and joy

말

샤론 엘레인 카핀터

말은 미약해 보여도
그 의미는 매우 큰 법
말은 사용하는 데 따라서
남에게 상처를 주기도 하고 용기를 주기도 한다오

그대는 조심스레 그리고 신중하게
말을 골라서 하나요?
아니면, 분별없이
아무런 생각도 눈치도 없이 말을 내 뱉나요

말이 얼마나 남의 가슴을 도려내고 잘라내는지
고통은 마음속 깊이까지 내려 간다오
우리가 사용하는 말은
마치 바람에 나는 먼지와도 같다오

여기에도 흩어져 있고, 저기에도 흩어져 있어
아무 생각 없이 우연히 그곳에 있는
죄 없는 사람을 해친 다오

이제 이것은 고의적이 아니라오
오, 그렇지 않아요! 우리가 감히
함부로 친구들에게 말하지 말아요
그것은 부당한 일이니까요.

말은 값진 보물처럼
우리가 만나는 사람들에게
큰 행복과 기쁨을 전 하기 위해
사용해야 한다오.

THE COST

Sharon Elaine Carpenter

What does it cost to sacrifice?
The Price is high indeed
To be the servant of the Most High God?
Does not come easily

There is hurt involved, as well as joy
Don't expect an easy road
It wasn't easy for our Lord
When on this earth he abode

To serve the Lord, means to serve mankind
To help in a Christian way
That one who is poor or destitute
Lets go, Lets give, Lets pray

Your good they may not appreciate
But that's neither here, nor there
This is the norm for the Christian life
Be unconcerned about what is fair

It was unfair to our precious Lord
To nail him to the tree
Yet, he gave his life, he sacrificed
To save both you and me

대가(값)

샤론 엘레인 카핀터

희생에는 어떤 대가를 치러야 할까?
그 대가는 진정 큰 것이리
지존하신 하나님의 종이 되는 것이니까?
누구나 쉽게 되지 않는 법이네

인생길에는 상처도 있고, 물론 기쁨도 있지만
평탄한 길은 기대하지 말게나
우리 주님도 이 땅에 사실 때
삶이 쉽지 않았다네.

주님을 섬기는 것은 인류를 섬기는 일
성도의 방법으로
가난하고 궁핍한 자를 도우는 일
우리 나아가서 가진 것 나누어 주세, 그리고 그들 위해 기도하세나

사람들이 그대의 선행을 고마워하지 않을 지라도
그대의 선행은 아무데나 있는 것이 아닐세
이것이 성도의 삶의 기준 이라네
마땅히 해야 할 일이니 염려 말게나

고귀하신 주님이
나무 십자가에 못 박히신 것은 부당한 일이지만,
당신과 나를 구원하시기 위하여
그는 자신의 몸을 드려 희생하셨다네.

IT'S UP TO YOU

One song can spark a moment,
One flower can wake the dream.
One tree can start a forest,
One bird can herald spring.

One smile begins a friendship,
One handclasp lifts a soul.
One star can guide a ship at sea,
One word can frame the goal.

One vote can change a nation,
One sunbeam lights a room.
One candle wipes out darkness,
One laugh will conquer gloom.

One step must start each journey,
One word must start each prayer.
One hope will raise our spirits,
One touch can show you care.

One voice can speak with wisdom,
One heart can know what's true.
One life can make the difference,
You see it's up to YOU!!!

모든 것 당신하기 탓

한 곡의 노래가 일순간에 감흥을 북돋울 수 있고,
한 송이의 꽃이 꿈을 일깨울 수 있습니다.
한 그루의 나무가 숲의 시작이 될 수 있고,
한 마리의 새가 봄을 알릴 수 있습니다.

하나의 미소가 우정의 시작이 될 수 있고,
한 번의 악수로 영혼을 격려 할 수 있습니다.
한 개의 별이 항해 중인 배를 인도 할 수 있고,
한 마디의 말로 목표를 세울 수 있습니다.

한 사람의 투표로 국가를 바꿀 수 있고,
한 줄기 햇살이 방을 밝힐 수 있습니다.
한 개의 촛불이 어두움을 물리칠 수 있고,
한 차례의 웃음이 우울을 정복할 수 있습니다.

한 개의 발자국으로 여행을 시작해야 하고,
한 마디의 말로 기도를 시작해야 합니다.
한 가닥 소망이 우리의 영을 일으키고,
하나의 몸짓으로 배려의 마음을 보여 줄 수 있습니다.

하나의 목소리로 지혜를 말 할 수 있고,
하나의 마음으로 진리를 알 수 있습니다.
한 번의 삶으로 구별된 삶을 살 수 있으니,
이 모든 것 나에게 달려 있습니다.

FOOTPRINTS

Margaret Fishback Powers

One night I dreamed a dream.
As I was walking along the beach with my Lord.
Across the dark sky flashed scenes from my life.
For each scene, I noticed two sets of footprints in the sand,
One belonging to me and one to my Lord.

When the last scene of my life shot before me
I looked back at the footprints in the sand.
There was only one set of footprints.
I realized that this was at the lowest
And saddest times of my life.
This always bothered me
And I questioned the Lord about my dilemma.

"Lord, you told me when I decided to follow You,
But I'm aware that during the most troublesome
Times of my life there is only one set of footprints.
I just don't understand why when I needed You most, You leave me."

He whispered, "My precious child, I love you and will never leave you
Never, ever, during your trials and testings.
When you saw only one set of footprints,
It was then that I carried you."

모래위의 발자국

마가렛 피쉬백 파워

어느 날 밤 나는 한 꿈을 꾸었네.
주님과 함께 해변을 따라 걷고 있었을 때.
어둔 밤하늘에 내 인생의 장면이 섬광처럼 펼쳐졌다네.
장면 마다, 모래 위에 두 사람의 발자국을 보았네,
하나는 나의 것 또 하나는 주님의 것.

내 인생의 마지막 장면이 내 앞에 펼쳐졌을 때
나는 모래 위의 발자국을 뒤 돌아 보았네.
그곳에서는 오직 한 개의 발자국 만 있었네.
이때가 가장 내 인생의 가장 절망적이고
슬펐던 시간이었음을 깨달았네.
이것이 나를 가장 괴롭혔다네.
그래서 주님께 물었다네.

"주님, 제가 주님을 따르면 늘 저와 함께 하시겠다고 말씀하셨죠.
하지만 제가 가장 힘들 때에
단지 한 개의 발자국만 있었다는 사실을 알았습니다
제가 당신을 가장 필요로 한 때에 저를 떠나신 이유를 알지 못하겠습니다."

그 분이 속삭이시기를, "내 소중한 아이야, 내가 너를 사랑 한단다
그리고 너를 떠나지 않았노라
한 시라도 네가 가장 힘든 시련과 시험의 때에 너를 떠난 적이 없단다.
네가 한 사람의 발자국을 보았던 때는
내가 너를 업고 갔을 때였단다."

INSTEAD OF

Count your blessings
  instead of your crosses.
Count your gains
  instead of your losses.
Count your joys
  instead of your woes.
Count your friends
  instead of your foes.
Count your smiles
  instead of your tears.
Count your courage
  instead of your fears.
Count your full years
  instead of your lean.
Count your kind deeds
  instead of your mean.
Count your health
  instead of your wealth.
Count on God
  instead of yourself.

대신에

그대가 진 십자가 대신에
    받은 축복을 세어 보라.
그대가 잃어버린 것 대신에
    얻은 것을 세어 보라.
그대가 당한 슬픔 대신에
    누린 즐거움을 세어 보라.
그대의 원수 대신에
    그대의 친구들을 세어 보라.
그대가 흘린 눈물 대신에
    그대가 지은 미소를 세어 보라.
그대가 겪은 공포감 대신에
    그대가 가진 용기를 세어보라.
그대가 맛본 흉년 대신에
    그대가 누린 풍년을 세어보라.
그대가 행한 못된 행실 대신에
    선한 행실을 세어보라.
그대가 소유한 재산 대신에
    그대가 가진 건강을 세어보라.
그대 자신 대신에
    하나님을 의지하라.

CONSIDER HIM

When the storm is raging high,
When the tempest rends the sky,
When my eyes with tears are dim,
Then, my soul, consider Him.

When my plans are in the dust,
When my dearest hopes are crushed,
When is passed each foolish whim,
Then, my soul, consider Him.

When with dearest friends I part,
When deep sorrow fills my heart,
When pain racks each weary limb,
Then, my soul, consider Him.
When I track my weary way,
When fresh trials come each day,
When my faith and hope are dim,
Then, my soul, consider Him.

Clouds or sunshine, dark or bright,
Evening shades or morning light,
When my cup flows o'er the brim,
Then, my soul, consider Him.

그분을 생각하라

폭풍이 사납게 일 때,
사나운 폭우가 하늘을 가를 때,
나의 눈에 눈물이 쏟아질 때,
그 때, 내 영혼아, 그분을 생각하라.

나의 계획이 무산 될 때,
나의 가장 소중한 희망이 무너질 때,
어리석은 생각이 뇌리를 스쳐 지나갈 때,
그 때, 내 영혼아, 그분을 생각하라.

나의 가장 친한 친구와 이별 할 때,
나의 마음에 슬픔이 가득할 때,
나의 몸의 사지가 고통으로 시달릴 때,
그 때, 내 영혼아 그분을 생각하라.

내가 지친 인생의 길을 걸어갈 때,
날마다 새로운 인생의 길이 찾아 올 때,
나의 믿음과 소망이 사라 질 때,
그 때, 내 영혼아 그분을 생각하라.

날이 흐리든지 개이든지, 어둡든지 밝든지,
저녁이 어스럼히 내리고, 아침이 밝아 오든지,
나의 잔이 흘러넘치든지,
그 때, 내 영혼아 그분을 생각하라.

GOD HATH NOT PROMISED

God hath not promised
Skies always blue,
Flower strewn pathways
All our lives through.

God hath not promised
Sun without rain,
Joy without sorrow
Peace without pain.

But God hath promised
Strength for the day,
Rest for the labor
Light for the way,
Grace for the trials
Help from above,
Unfailing sympathy
Undying love.

하나님은 약속하시지 않았네

우리의 사는 날 동안
언제나 하늘이 푸르고,
가는 길이 꽃으로 온통 뒤 덮여있다고
하나님은 약속하시지 않았네.

비가 오지 않고 햇빛만 비치고
슬픔이 오지 않고 기쁨만 있고
고통이 없고 평안만 있을 거라고
하나님은 약속하시지 않았네.

하지만 하나님은 약속하셨네.
하루를 살아갈 수 있는 힘을 주겠노라고,
노동을 할 수 있는 휴식을 주겠노라고,
길을 밝힐 수 있는 빛을 주겠노라고,
시련을 이길 수 있는 은혜를 주겠노라고
위로부터 내리는 도움을 주겠노라고,
영원한 자비를 주겠노라고
불멸의 사랑을 주겠노라고.

GOD IS ALWAYS THERE

Ruth Johnson

Our Heavenly Father is always there
He knows our sadness and dispair
And if we would just call on Him
He will always hear our prayer.

When in our life those struggles come
And we tend to feel so alone
Our Fathers watching from above
With compassion and such love

He knows our every weakness
He sees us when we fail
And yet His perfect love for us
He continues to unveil

He loves to see our child like faith
As we kneel beside our beds
And share our hurts and broken dreams
Before we lay down our heads

So when you are discouraged
And you think that no one cares
Just give it all to God above
Because He's always there.

언제나 함께 하시는 하나님

루스 존슨

하늘에 계신 우리 아버지는 언제나 함께 하시네
우리의 슬픔과 절망 아시니
우리가 그를 부르기만 하면
언제나 우리의 기도 들으시리.

우리네 세상살이에서 고군분투할 때,
외롭기 그지없을 때
우리 아버지 위에서 굽어 살피시네
자비와 크신 사랑으로

하나님은 우리의 모든 연약함 아시네
우리가 실패할 때 우리를 바라보시네
그리고 아직도 그의 완전한 사랑을
끊임없이 내려 주시네.

하나님은 우리의 자녀가 믿기를 원하시네
우리가 침대 곁에서 무릎 꿇고
우리의 상처와 상한 심령으로 기도하면
우리가 머리를 침대에 누이기도 전에

우리가 절망가운데 있을 때
아무도 우리를 돌아보지 않을 때
언제나 그분은 나와 함께 하시므로
오직 위에 계신 하나님께 맡기면 되네

COMFORT

Willis A. Thoen

When your heart is sad and lonely,
    And your friends seem far away.
Turn to Him who is all holy,
    And He'll drive your cares away.

When a dear one seems to fail you,
    When for friendship true you long,
Confide in Him who is all true,
    And He'll right your every wrong.

Jesus' heart is your true refuge,
    To Him you can always flee,
Even when your hopes are sinking,
    He will then a true friend be.

He will soothe your lonely spirit,
    He will love and bless and say,
"Come to me and I will comfort,
    You, today and every day.

위로

월리스 에이 데온

그대 마음 슬프고 고독하고,
모든 친구들 그대 곁을 떠나간다 해도.
온전히 거룩하신 그 분께 돌아오오,
그분이 그대의 모든 염려 몰아내시리니.

사랑하는 이가 그대를 실망시켜
그대가 참다운 우정에 갈급해할 때,
온전히 참되신 그분을 생각하오,
그분이 그대의 모든 잘못 바르게 고쳐 줄 것이오.

예수님의 마음이 그대의 참다운 피난처라오,
그대 언제나 그 분께 피할 수 있으리,
그대의 소망이 쇠할 지라도,
그분은 그대의 참된 친구되리.

그분은 그대의 외로운 심령을 달래주리니,
그분은 사랑하며 축복하며 말하리,
"내게 오라, 내가 쉬게 하리니,
그대, 오늘이나 언제든지".

FEARS

Tamara Lo

Everyday I have fears,
I sometimes have tears.

I may fear that I may fall,
I fear that no one could hear my call.

But all those worries are just nightmares of mine,
And I forget that the Lord is with me - All the time.

두려움

타마라 로

날마다 내게 두려움 있으며,
가끔 내게 눈물 있습니다.

나는 넘어질까 두려워합니다,
아무도 내 부르짖음 듣지 않을까 염려합니다.

하지만 이 모든 염려는
주님이 언제나 나와 함께 하심을 잊은 까닭에 엄습하는
악몽에 불과합니다.

GOD'S BOXES

Phyllis D. Jolliff

I have in my hands two boxes,
Which God gave me to hold.
He said, "Put all your sorrows in the black box,
And all your joys in the gold."

I heeded His words, and in the two boxes,
Both my joys and sorrows I stored,
But though the gold became heavier each day,
The black was as light as before.

With curiosity, I opened the black,
I wanted to find out why,
And I saw, in the base of the box, a hole,
Which my sorrows had fallen out by.

I showed the hole to God, and mused,
"I wonder where my sorrows could be!"
He smiled a gentle smile and said,
"My child, they're all here with me."

I asked God, why He gave me the boxes,
Why the gold and the black with the hole?
"My child, the gold is for you to count your blessings,
The black is for you to let go."

하나님의 상자

필리스 디 죠ㄹ리프

내 손에 하나님이 주신,
두 개의 상자 있네.
"검은 상자에는 너의 모든 슬픔을 담고,
황금 상자에는 너의 모든 기쁨을 담아라."라고 하나님 말씀하시네.

나는 그의 말씀을 귀담아 듣고, 두 개의 상자에,
나의 기쁨과 슬픔을 담았네,
그런데 황금 상자는 날이 갈수로 점점 더 무거워 지고,
검은 상자는 전과 같이 가벼웠다네.

호기심이 생겨, 나는 검은 상자를 열었네,
이유를 알고 싶어서였지,
그리곤 나는 그 상자의 밑에 구멍이 나 있음을 보았네,
그 구멍으로 나의 모든 슬픔이 빠져나갔다네.

나는 그 구멍을 하나님께 보여드리고, 가만히 있었네,
"제 모든 슬픔이 어디에 갔습니까?"
하나님께서는 부드러운 미소를 지으며 말씀하셨네,
"아이야, 너의 모든 슬픔은 내가 가지고 있다"

하나님께 그 상자를 주신 이유를 물었습니다,
황금 상자와 구멍 난 검은 상자를.
"아니야, 황금 상자는 너의 복을 셀 수 있도록 남겨 두었고,
검은 상자는 네게서 떠나도록 하였느니라."

HE GATHERS EVERY TEAR

Glenda Fulton Davis

Regardless of the circumstance,
Regardless of the fear,
Regardless of the pain we bear,
Regardless of the tear.

Our God is ever in control,
Performing as He should,
And He has promised in His Word
To work things for our good.

But as a loving Father would,
He sometimes lets us cry
To cleanse the hurt out of our heart,
To wash it from our eye.

Yet gently gathers the tears
Within His hands to stay
Until He turns them into pearls,
And gives them back someday.

모든 눈물 모으시고

글렌다 풀톤 대이비스

우리가 어떤 처지에 놓이든지,
우리가 어떤 공포에 휩쌓여 있든지,
우리가 어떤 고통을 지고 있든지,
우리가 어떤 눈물을 흘리든지.

하나님께서 언제나 우리를 주장하시고,
그의 행하실 일을 시행하시고,
그의 말씀으로 약속 하셨네.
모든 것을 합력하여 선을 이루시겠다고.

사랑이 많으신 하나님이시라,
가끔 우리에게 눈물을 흘리게 하심은
우리의 심령 속에서 아픔을 씻어 주시기 위함 일세,
우리의 눈에서 눈물을 씻어 주시기 위함 일세.

언제나 내 곁에 계셔서 그의 두 손에
인자하게 눈물을 모으시고
그 눈물을 진주로 만드시고
언젠가 내게 돌려주신다오.

TAKE HEART

If you're tempted to despair,
And you think that no one cares,
There's one thing that should be clear:
"I will keep My promise to you. I am here."

As these doubts and fears assail,
And you think that you will fail,
Look to Jesus and you'll hear:
"I'll not leave you. I am here."

"I am with you in your trials.
I'll support you in your woe.
Any place that I may send you,
You can trust me. I will go."

"Through the valley, cross the mountains
Where the raging waters flow.
I will never, never leave you
But will surely always go."

"So take heart and don't be fearful,
Dare to love and trust in Me.
And your mission will be joyful
As My Spirit sets you free!"

담대하라

네가 절망에 빠져
아무도 너를 돌아보는 이 없을 때,
한 가지 분명한 사실은:
"내가 너에게 한 약속을 지키리라. 내가 여기 너와 함께 하느니라."

이러한 의심과 공포가 엄습해 오고,
네가 실패할 것만 같을 때,
예수님을 바라라 그러면 그가 말하리:
"내가 결코 너를 떠나지 않으리. 내가 여기 너와 함께 하느니라."

"네가 시련을 당할 때 내가 너와 함께 하리라.
네가 슬픔을 당할 때 내가 너를 도우리라.
내가 너를 보내는 곳이 어디든지
나를 믿고 가겠노라고 말하라."

"거센 물결 흐르는
골짜기를 지나, 험산 준령을 넘는 동안.
나는 너를 떠나지 않으리 결코 떠나지 않으리
정녕 너와 함께 가리라."

"그러니 담대하게, 두려워 말라,
나를 사랑하고 믿음에 거하라.
그러면 너의 사역이 즐거우리라
내 영이 너를 자유케 하리니!"

MAY GOD COMFORT YOU

Leona I. Miller

We grieve with you
in your Sorrow,
And we Trust for you
a Brighter Tomorrow;
We cannot always
fully understand,
When God reaches down
With His Loving Hand,
But we know He always does
what is best,
As He takes our Loved One
into Eternal Rest.

하나님의 위로가 그대와 함께 하시기를

레오나 아이 밀러

그대가 슬픔에 젖으면
우리도 그대와 함께 슬픔에 잠긴다오,
그대에게 더 찬란한 내일이
오리라 확신한다오;
우리가 항상 다
이해할 순 없지만
하나님께서 사랑의 손길을
우리에게 뻗으면,
하나님은 언제나 최선의 일을 행하시는 분임을
우리는 안다오,
우리가 사랑하는 자를
그가 영원한 안식으로 인도하실 때

IN TIME OF SORROW

Leona I. Miller

Jesus is standing beside you,
with Comfort today,
Call upon Him
in your hour of need;
He is always there with you,
and only a Prayer away,
He will Answer you,
and your Spirit...feed.

We are sorry for this
time of Sorrow,
Weep, when you must;
Jesus wept, too,
We Pray for Strength
for each new Tomorrow,
May you find Comfort and Peace
in each day that is new.

슬픔에 잠겨 있을 때

레오나 I 밀러

위로의 예수님이
오늘 당신 곁에 서 계신다오,
그분을 의지 하시오,
당신이 어려움에 빠졌을 때;
그분은 언제나 거기 당신과 함께 계셔서
기도 만 하면,
당신에게 응답하시며,
당신의 영혼을 먹이신다오.

슬픔을 당한 당신을 보면
우리 마음이 아파요,
울고 싶을 땐 흐느껴 우시구려;
예수님도 우셨잖아요,
닥아 올 새로운 내일을 위해
힘을 달라고 기도하면,
날마다 새롭게
위로와 평안을 찾을 거예요.

PART 3

성령
능력
간구
헌신
영성

OH HOLY SPIRIT

Oh Holy Spirit comfort me
in times of grief and pain
hold my heart within thine own
and bring joy to me joy again.

At times I feel so all alone
and I'm filled with such despair
and all my hope and dreams are gone
and that no-one really cares.

As I lift my eyes toward heaven
and the tears begin to flow
I cry Oh LORD please help me
I have nowhere else to go.

And then I hear a gentle voice
so soft but yet so clear
this voice says "I love you child
and I am always here".

I will send my Holy Spirit
to take away your sorrow
to comfort you my child
and help you face tomorrow.

오 성령이여

성령이여 저를 위로 하소서
제가 슬픔과 고통에 빠져 있을 때
제 마음을 예수님의 마음 안에 붙드시고
저에게 기쁨을 주시옵소서.

제가 전적으로 외로움을 느낄 때에
큰 절망가운데 빠져있을 때에
저의 모든 소망과 꿈이 사라졌을 때에
아무도 저를 위로하지 않을 때에도

제가 눈을 들어 하늘을 바라보노라면
어느새 눈물이 흐르고
소리 내어 주님께 도움을 구하게 됩니다.
주님 외에 의지 할 곳 없습니다.

그때 부드러운 음성을 듣습니다.
너무나 부드럽고 뚜렷한 음성을
"아이야 너를 사랑하노라
내가 언제나 함께 하노라."라고 말씀하십니다.

내가 성령을 보내겠노라
너의 슬픔을 떨쳐버리고
내 아이 너를 위로하노라
내일을 맞이할 수 있도록 도우리라.

HE DID -- HE CAN -- HE WILL

Martin Luther

The God that stopped the sun on high,
And sent the manna from the sky,
Laid flat the walls of Jericho,
And put to flight old Israel's foe.
Why can't He answer prayer today,
And drive each stormy cloud away?
Who turned the water into wine,
And healed a helpless cripple's spine --
Commanded tempests, "Peace be still."
And hungry multitudes did fill,
His power is just the same today.
So why not labor, watch and pray?
He conquered in the Lion's den,
Brought Lazarus back to life again.
He heard Elijah's cry for rain,
And freed the sufferers from pain.
If He could do those wonders then,
Let's prove our mighty God again.
Why can't the God who raised the dead,
Gave little David Goliath's head.
Cast out the demons with a word,
Yet sees the fall of one wee bird.
Do signs and miracles today,
In that same good old-fashioned way?
HE CAN. He's just the same today.

그가 하셨고, 하실 수 있고, 하실 것이다

마틴 루터

공중의 태양을 멈추게 하셨고,
하늘에서 만나를 내리셨고,
여리고 성을 무너뜨리셨고,
옛 이스라엘의 원수들을 패주시키셨던 하나님.
오늘 날 우리의 기도에 응답 않으실리 없으며,
모든 폭풍 구름 물리치시지 않으시랴?
물을 포도주로 만드신이 누구시며,
절름발이를 고치신이
사나운 폭풍을 명하여, "잠잠하라"고 하신이.
굶주린 자들을 배불리게 하셨던 이,
오늘날도 그의 능력은 동일하시리.
그러니 수고하고, 깨어 기도함이 어떨까?
사자굴속에서도 이기셨던 하나님께서
나사로를 살리셨도다.
엘리야의 부르짖음을 들으시고 비를 내리신 하나님,
고통당하는 자를 자유케 하셨도다.
그가 그 옛날 이러한 기적을 행하셨다면
우리 다시 능하신 하나님을 증명하세.
죽은 자를 일으키신 하나님께서,
작은 다윗에게 골리앗의 머리를 주셨도다.
말씀으로 악마를 쫓아내셨도다,
한 마리의 작은 새도 떨어지는 것도 아시네.
오늘 날도 옛날 방식 그대로
이적과 기사를 행하시지 않겠는가?
그분은 하실 수 있네. 그분은 오늘도 동일하시네.

I AM

Sistah J

I am loved...I am hated.
I am joy anticipated.
I am instruction to the wise.
I am that which fools despise.

I am knowledge on the lips of few.
I am understanding which the diligent pursue.
I am the way which is often rejected.
I am the hedge of those protected.

I am your strength in times of adversity.
I am your peace in the midst of tragedy.
I am the crooked, made straight.
I am the reward of those who wait.

I am shelter in your pouring down rain.
I am He who is able to keep you sane.
I am the hand on the surgeon's knife.
I am the very hand that saved your life.

I am the wind that encompasses your soul.
I am the only one who can make you whole.
I am the river flowing toward your drought.
I am He who breaks shackles with a shout.

I am the book of Genesis through Revelation.
I am the only hope of your salvation.
I am the First and the Last.
I am the Father, the Son, the Holy Spirit...all in one cast.

Who am I? I will tell you, even as I told Moses...

I AM THAT I AM.

나는

시스타 제이

나는 사랑을 받았고...미움도 받았노라.
나는 많은 사람들이 기다리는 자 이니라.
나는 지혜자들에게 교훈을 주었노라.
나는 어리석은 자들에게 멸시를 받았느니라.

나는 소수자들의 입술에 지식이니라.
나는 근면한 자들이 추구하는 지혜니라.
나는 자주 거절당하는 길이니라.
나는 보호 받는 자들의 울타리이니라.

나는 역경 가운데 능력이 됨이라.
나는 비극 가운데 평안이니라.
나는 굽어진 것을 바로 세우는 자 이니라.
나는 참고 기다리는 자의 보상이니라.

나는 폭우속의 피난처 이니라.
나는 분별력을 주는 자 이니라.
나는 수술자의 칼을 쥔 손이니라.
나는 생명을 주는 바로 그 손이니라.

나는 너의 영혼을 감싸는 바람이니라.
나는 너를 온전케 할 수 있는 유일한 자 이니라.
나는 너의 메마름을 적셔주는 강이니라.
나는 큰 소리로 죄의 사슬을 깨트리는 자 이니라.

나는 창세기부터 계시록까지에 기록된 책 이니라.
나는 구원의 유일한 소망이니라.
나는 처음이요 마지막이니라.
나는 아버지이며, 아들이며, 성령이니라... 단번에 모든 것을 할 수있는 자 이니라.

내가 누구인지 알겠느냐? 내가 모세에게 말한 대로 너에게도 말하리라.

나는 스스로 있는 자 이니라.

THE WILL OF GOD

The will of God will never take you,
Where the grace of God cannot keep you,
Where the arms of God cannot support you,
Where the riches of God cannot supply your needs,
Where the power of God cannot endow you.

The will of God will never take you,
Where the Spirit of God cannot work through you,
Where the wisdom of God cannot teach you,
Where the army of God cannot protect you,
Where the hands of God cannot mold you.

The will of God will never take you,
Where the love of God cannot enfold you,
Where the mercies of God cannot sustain you,
Where the peace of God cannot calm your fears,
Where the authority of God cannot overrule for you.

The will of God will never take you,
Where the comfort of God cannot dry your tears,
Where the Word of God cannot feed you,
Where the miracles of God cannot be done for you,
Where the omnipresence of God cannot find you.

하나님의 뜻이 아닌 곳

하나님의 은혜로 당신을 보호할 수 없는 곳,
하나님의 팔로 당신을 지탱할 수 없는 곳,
하나님의 풍성함으로 당신의 필요를 채울 수 없는 곳,
하나님의 능력으로 당신에게 양식을 제공할 수 없는 곳,
하나님의 뜻에 이런 곳은 없나니.

하나님의 영이 당신에게 역사할 수 없는 곳,
하나님의 지혜로 당신에게 가르칠 수 없는 곳,
하나님의 군대로 당신을 보호할 수 없는 곳,
하나님의 손으로 당신을 만들 수 없는 곳,
하나님의 뜻에 이런 곳은 없나니.

하나님의 사랑이 당신을 감쌀 수 없는 곳,
하나님의 자비가 당신을 안을 수 없는 곳,
하나님의 평화가 당신의 공포심을 가라앉히지 못하는 곳,
하나님의 권능이 당신을 지배할 수 없는 곳,
하나님의 뜻에 이런 곳은 없나니.

하나님의 위로가 당신의 눈물을 씻기지 못하는 곳,
하나님의 말씀이 당신을 먹이지 못하는 곳,
하나님의 기적이 당신에게 일어나지 못하는 곳,
무소부재하신 하나님이 당신과 함께 하지 못하는 곳,
하나님의 뜻에 이런 곳은 없나니.

MAJESTY

Gertrude Jefferies

To God be all the glory
To Him be all the praise.
He is the Lord Almighty,
The great Ancient of Days.

Father, Son and Holy Ghost
Existing Three in One.
He is the great Jehovah
Who sits above the sun.

The Lily of the Valley,
The Rose of Sharon, too;
Eternal, Wise and Powerful,
There's nothing He can't do.

He's Bread, to all who hunger,
Water, to all who thirst;
The Stone the builders rejected,
The Last, also the First.

Light in a world of darkness,
The Door, for us to come in,
The Way of true Salvation,
Perfect Sacrifice for sin.

Ore death He is the Victor,
He's our soon coming King.
He rides on the wind,
Even the waves obey Him.
Righteous Judge of all the earth,
Ruler of the universe.

존귀

거트루드 제퍼리즈

하나님께 모든 영광 드리세
그분께 모든 찬양 드리세
그는 전능하신 여호와
옛적부터 항상 계신 위대하신 분.

성부, 성자, 성령
한분 안에 계신 삼위
그는 위대하신 여호와
태양위에 좌정해 계신 분.

산골짜기의 백합화,
또한 샤론의 장미;
영원하시고 지혜가 있으시고 능력이 많으신 분,
그에게 능치 못하신 것 없네.

그는 모든 굶주린 자들에게 생명의 떡,
모든 목마른 자들에게 생명의 물;
건축자들이 버린 돌
나중이요 처음이 되시는 이.

어두움의 세계를 밝히시는 빛,
우리가 들어갈 문,
참 구원의 길
죄를 사하시기위하여 온전히 희생하신 분.

그는 사망을 이기신 승리자,
그는 곧 오실 왕.
그는 바람을 다스리시도다.
파도까지도 그를 순종하도다.
모든 세상을 심판하실 의의 심판자,
우주의 통치자.

LOOK AROUND

Nicola Jean

I look around what do I see
all those things you created for me
all the LEAVES on all the TREES
all the DOGS and all the FLEAS

KITTENS playing having fun
BIRDS bathing in the sun
a SPIDERS WEB has just begun
FLIES landing one by one

A DRAGONFLY passes by
the CLOUDS are floating in the SKY
the SUN is standing way up high
another MOSQUITO lands near-by

A FEATHER dancing without a care
all shades of green from here to there
the smell of HONEYSUCKLE in the air
all kinds of ANTS there everywhere

CATERPILLARS two by two
climb to get a better view
of BUTTERFLIES just passing through
waiting to hear how do you do

I thank you Lord for setting me free
opening my eyes to help me see
all those things you created for me
I give my life to thee

주위를 돌아보면

니콜라 진

주위를 돌아보면 눈에 보이는 것은
온통 나를 위해 창조된 피조물들
나무위에 자란 모든 잎들
모든 개들과 벼룩들

재롱을 부리는 고양이들
태양아래에서 일광욕을 즐기는 새들
거미줄을 만들고 있는 거미들
겹쳐 앉아 있는 파리들

공중을 지나가는 잠자리들
하늘에 둥둥 떠 있는 구름들
높이 서 있는 태양
가까이에 앉아있는 또 한 마리의 모기

하늘거리며 춤추는 깃털
이곳저곳에 펼쳐진 나무 그늘들
공중에 퍼져있는 인동덩굴 나무의 향기
온 사방에 다니는 온갖 개미들

초면인사 나누기를 기다리며
옆을 스쳐 지나가는 나비를
더 잘 보려고 짝을 지어
올라가는 누애들

제게 자유를 주서서
눈을 뜨고 하나님이 지으신
모든 만물을 보게 하시니 고맙습니다.
제 삶을 당신께 드립니다.

WHO?

Tom Zart

Who wrote the tune the songbird sings?
Who made the diamonds we wear on rings?

Who caused the snow and rain to fall?
Who made spring, winter, summer and fall?

Who gave man a woman to love?
Who made the clouds and sky above?

Who lights the stars and moon in the night?
Who makes heaven and beyond so bright?

Who gives us babies we follow till death?
Who made us able to speak with our breath?

Who gives us heroes willing to die?
Who made the tears we shed as we cry.

Who shows us hope and guides our way?
The same one who loves us night and day.

누가 하였을까?

탐 자어트

명금(鳴禽: 우는 새)의 곡조는 누가 썼을까?
우리가 낀 반지의 다이아몬드는 누가 만들었을까?

누가 눈과 비를 내리게 하시는가?
누가 봄, 여름, 가을, 겨울을 만들었을까?

누가 남자에게 사랑하는 여자를 주었을까?
누가 위의 구름과 하늘을 만들었을까?

누가 밤하늘의 별과 달을 비추일까?
누가 하늘의 빛을 주었을까?

누가 우리에게 일생동안 돌볼 아기를 주었는가?
누가 우리로 숨 쉬며 말할 수 있게 하였는가?

누가 우리에게 자기 목숨을 아끼지 않는 영웅들을 주었는가?
누가 우리가 울 때 흘리는 눈물을 주었는가?

누가 우리에게 소망을 주셨고, 우리의 길을 인도하시는가?
밤이나 낮이나 우리를 사랑하시는 동일하신 그분.

ALWAYS SAY A PRAYER

There's work to do, deadlines to meet,
you've got no time to spare,
But as you hurry and scurry,
always say a prayer.

In the midst of family chaos,
"quality time" is rare.
Do your best; let God do the rest:
Always say a prayer.

It may seem like your worries are
more than you can bear.
Slow down and take a breath,
always say a prayer.

God knows how stressful life is;
He wants to ease our cares,
and He'll respond ASAP,
Always say a prayer!

언제나 기도하게 하소서

할 일이 산더미처럼 쌓여 있고, 마감 시간이 다가오는
촌음을 다투어야 하는 시급한 때에도,
종종 걸음으로 뛰어다녀야 하는 때에도,
언제나 기도 하게 하소서.

가정이 혼란에 빠져있고
가족 간에 소중한 대화의 시간이 없을 때에도.
최선을 다하게 하시고; 나머지는 하나님께 맡기게 하소서:
언제나 기도하게 하소서.

삶의 근심과 걱정에 짓눌려
견디기 어려 울 때,
삶의 속도를 늦추고 호흡을 가다듬게 하시고,
언제나 기도하게 하소서.

스트레스에 쌓인 우리들의 삶을 아시는 하나님;
우리의 염려를 덜어주시는 하나님,
그리고 기도에 응답하시는 하나님,
언제나 기도하게 하소서!

PRAYERS ARE THE STAIRS TO GOD

Helen Steiner Rice

Prayers are the stairs
we must climb every day,
If we would reach God
there is no other way,
For we learn to know God
when we meet Him in prayer
And ask him to lighten
our burden of care.
So start in the morning
and, though the way is steep,
Climb ever upward
until your eyes close in sleep?
For prayers are the stairs
that lead to the Lord,
And to meet Him in prayer
is the climber to reward.

기도는 하나님께 가는 계단

헬렌 스테이너 라이스

기도는 계단과 같은 것.
우리가 날마다 올라가야 할 계단과 같다네,
우리가 만일 하나님께 갈려면
다른 길은 없다네,
우리가 기도로 하나님과 만날 적에
그분을 알게 되기 때문이라네.
그리고 그분께 무엇이든 아뢰면
우리가 진 근심의 짐을 벗겨 주신다네.
그러므로 아침에 시작하세
그리고 비록 그 길이 가파를 지라도
꾸준히 위로 올라가세
두 눈을 감고 잠 들 때 까지.
기도는 계단이라네.
여호와께로 인도하는
기도 속에서 그분을 만나는 것은
기도의 계단을 오르는 자가 얻는 보상일세.

BLESSINGS

I knelt to pray when day was done
And prayed, "O Lord, bless everyone,
Lift from each saddened heart the pain
And let the sick be well again."

And then I woke another day
And carelessly went on my way,
The whole day long I did not try
To wipe a tear from any eye.
I did not try to share the load
Of any brother on the road.

I did not even go to see
The sick man just next door to me.
Yet once again when day was done
I prayed, "O Lord, bless everyone."

But as I prayed, into my ear
There came a voice that whispered clear,
"Pause now, my son, before you pray.
Whom have you tried to bless today?

God's sweetest blessing always go
By hands that serve him here below."
And then I hid my face and cried,
"Forgive me, God, I have not tried,
But let me live another day
And I will live the way I pray."

축복

하루가 끝나는 시간 무릎을 꿇는다.
그리고 기도하기를, "오, 주님, 모든 사람들을 축복하여 주옵소서,
슬픔에 빠진 심령들에게서 고통을 거두어 주시고
병든 자들을 회복시켜 주시옵소서."

그리고 새로운 하루를 맞으며 잠에서 깨어난다.
그리고 무심코 나의 길을 걸어간다.
슬픈 자의 눈에서 나오는 눈물을 닦아주려고.
길에서 마주친 어느 형제의
짐을 나누어지려고
전혀 애쓰지 않은 채.

바로 옆집에 사는 병든 이를 문안하지도 않았다.
하지만 다시 하루 일과를 마치면
나는 기도하기를, "오 하나님 모든 사람들을 축복하여 주시옵소서"라고.

하지만 내가 기도할 때, 나의 귓속에
또렷이 속삭이는 한 음성이 들려 왔네,
"이제 잠간 멈추고 생각하게나, 아들아, 네가 기도하기 전에.
오늘 누구를 축복하였는가를?

하나님의 가장 아름다운 축복은 언제나
약한 자들을 도운 손길과 함께 하느니라."
그래서 나는 얼굴을 감싸고 소리 쳤다.
"하나님, 저를 용서 하소서, 저는 애쓰지 않았습니다,
하지만 저에게 새로운 날을 주시면
제가 기도한 대로 살겠습니다."

AND GOD SAID NO

Claudia Minden Welsz

I asked God to take away my pride,
And God said, "No." He said it was not for Him to take away,
But for me to give up.

I asked God to make my handicapped child whole,
And God said, "No." He said her spirit is,
While her body is only temporary.

I asked God to grant me patience,
And God said, "No." He said patience is a by-product of tribulation.
It isn't granted, it is earned.

I asked God to give me happiness,
And God said, "No." He said He gives blessings,
Happiness is up to me.

I asked God to spare me pain,
And God said, "No." He said, "Suffering draws you apart from
Worldly cares and brings you closer to Me."

I asked God to make my spirit grow,
And God said, "No." He said I must grow on my own,
But He will prune me to make it fruitful.

I asked God if He loved me,

and God said, "Yes." He gave me His only Son, who died for me.

And I will be in Heaven someday

Because....I believe.

I asked God to help me love others

As much as He loves me,

And God said,

"Ah finally, you have the idea."

하나님의 거절

클라우디아 민덴 웰쯔

하나님께 나의 자만심을 물리쳐 달라고 청하였더니
하나님은 "거절" 하셨다. 자만심은 하나님이 물리쳐주시는 것이 아니라
내 스스로 버리는 것이라고 하셨다.

하나님께 장애우 자녀를 온전케 해달라고 청하였더니
하나님은 "거절" 하셨다. 그 아이의 상한 육체는 잠시 뿐이지만
영혼은 영원하다고 하셨다.

하나님께 인내심을 달라고 청하였더니,
하나님은 "거절" 하셨다. 인내심은 시련이 주는 부산물이라
인내심은 주어지는 것이 아니라, 취하는 것이라고.

하나님께 행복을 달라고 청하였더니,
하나님은 "거절" 하셨다. 그 대신 축복을 주시겠다고 하셨다.
행복은 나의 마음에 달려 있다고.

하나님께 나의 고통을 덜어달라고 청하였더니,
하나님은 "거절"하셨다. "고통은 너를 세상의 염려에서 이끌어내어
나에게 더 가까이 나아오게 한다"고 하셨다.

하나님께 영적 성장을 달라고 청하였더니,
하나님은 거절하셨다. 하나님은 내가 스스로 성장하여,
풍성히 열매 맺도록 옆에서 보살펴 주겠노라고 하셨다.

하나님께 나를 사랑하시느냐고 여쭈었을 때,
하나님은 "그렇다"라고 대답하셨다.
그는 독생자를 내게 주셔서, 나를 위해 죽게 하셨다.
내 언젠가 천국에 가리니
이는 내가 독생자를 믿기 때문이다.

하나님께서 나를 사랑하신 것처럼,
나도 다른 사람들을 사랑하게 해 달라고 청하였더니,
하나님께서 말씀 하시기를,
"아, 이제야 네가 깨달았구나"라고 하셨다.

OH LORD REMEMBER ME

Leona I. Miller

Here I am, Lord,
Do please, remember me,
I Praise Your dear Name....
And Blessings, I see.

Remember me, Lord,
As I go through this day,
Things are not always easy....
But....I press on, and Pray.

Forgive me AGAIN, dear Lord,
Burdens become heavy for me,
Being weary, I sometimes stumble....
And then....I remember Calvary.

오 주님 저를 기억하소서

레오나 아이 밀러

주님, 제가 여기 있나이다,
제발 저를 기억 하소서,
귀하신 주의 이름을 찬양하나이다…
그리고 축복을 보나이다.

주님, 저를 기억 하소서,
오늘 하루를 지나는 동안,
삶이 반드시 순탄치만은 않습니다…
하지만…제가 기도하며 앞으로 나아갑니다.

주님, 다시한번 저를 용서하소서.
짐이 제게 너무 무겁나이다.
지쳐서 때론 넘어지기도 합니다…
그때 마다…갈보리 십자가를 기억합니다.

SINNER'S PRAYER

Phyllis D. Jolliff

Lord, please forgive me
for all the wrong I've done.
Take away each and every sin -
Lord, cleanse them one by one.

I believe You are the Son of God,
and that You died to set me free.
You stormed the gates of hell that day,
taking possession of the key.

I believe You rose up from the grave;
the chains of death You broke.
Living to set the captive free -
lifting that burdensome yoke.

Come into my heart, Lord Jesus.
Please fill up that empty space.
Give me peace to live in Your presence.
Let me rest in Your wonderful grace.

Thank You, God, for Your mercy;
for relieving my soul from sin.
Thank You for the gift of Your Spirit;
for giving me joy within.
Amen!

죄인의 기도

필리스 디 졸리프

주여, 저를 용서 하소서
제가 행한 모든 잘못을.
모든 죄를 낱낱이 제거하여 주소서 –
주여 저의 죄를 하나씩 정결케 하여 주소서.

당신은 하나님의 아들이심을
저를 죄에서 해방시키려고 돌아가셨음을 믿습니다.
그날 주님은 지옥의 문들을 공격하시고,
열쇠를 취하셨습니다.

주님께서 무덤에서 일어나신 사실을 믿습니다;
사망의 사슬을 깨트리시고.
살아나셔서 잡힌 자들을 해방시키시고 –
그 무거운 죄의 멍에를 치우셨나이다.

주 예수님, 제 마음에 들어오시옵소서.
공허한 마음을 채워주소서.
주님의 존전에 살도록 제게 평안을 주옵소서.
주님의 놀라운 은혜 속에서 편히 쉬게 하옵소서.

하나님의 자비하심에 감사 합니다;
저의 영혼을 죄에서 구해 주시니 고맙습니다.
성령을 선물로 주시니 감사합니다;
내 속에 기쁨을 주시니 고맙습니다.
아멘!

ON THE WINGS OF PRAYER

Just close your eyes and open your heart,
And feel your worries and cares depart.
Just yield yourself to the Father above,
And let Him hold you secure in His love.

For life on earth grows more involved,
With endless problems that can't be solved,
But God only ask us to do our best,
Then He will take over and finish the rest.

So when you are tired, discouraged and blue,
There is always one door that is open to you,
And that is the door to The House of Prayer,
And you'll find God waiting to meet you there.

And The House of Prayer is no further away,
Than the quiet spot where you kneel and pray.
For the heart is a temple when God is there
As we place ourselves in His loving care.

And He hears every prayer and answers each one
When we Pray in His name - Thy will be done.
The burdens that seemed too heavy to bear
Are lifted away on the wings of a prayer.

기도의 날개를 타고

그냥 눈을 감고 마음의 문을 열게나,
그러면 그대를 괴롭히는 온갖 시름과 걱정 물러갈 테니.
그냥 하늘에 계신 아버지께 자신을 맡기게나,
그러면 그분의 사랑으로 그대를 보호하실 테니.

이 땅의 삶이 갈수록 복잡해져, 그대에게
해결 할 수 없는 문제가 끝없이 생긴다 해도,
하나님은 그대에게 최선을 다하라 하시며,
그대의 짐 대신 지시고 해결해 주시네.

그대가 지치고, 의기소침하고 울적할 때,
언제나 그대를 향하여 열려 있는 문이 있다네,
그것은 바로 기도하는 집의 문이라네,
그곳엔 언제나 하나님이 그대를 맞으려 기다리고 계시네.

기도하는 집은 그다지 멀지 않다네,
그대가 무릎 꿇고 기도하는 한적한 그곳이라네,
우리의 마음에 하나님이 계시면 거기가 성전이라네,
우리는 그의 사랑의 품속에 자신을 맡기면 된다네.

그분은 모든 기도를 들으시고 응답 하신다네
우리가 그의 이름으로 기도하면---하나님의 뜻이 이루어지리라.
너무 무거워 우리 힘에 겨워 보일 지라도
기도의 날개를 타면 모든 짐도 가벼워지네.

KEEP A PRAYER IN YOUR HEART

A day that starts without a prayer
Is like an empty shell,
And a day that ends without a prayer
Cannot be ended well;
For when your heart turns HEAVENWARD
You find a sweet release,
And you understand the meaning
of "His mercies never cease."
When life brings pain and sorrow
Which you feel too weak to bear,
There's strength in God's abiding love
And in the power of prayer.

So never start a day unless
There's a prayer within your heart,
Don't make a firm decision
Until you've prayed about it,
For prayer is like a golden gift --
And just can't do without it ...
And though at times you feel as if
Your prayer has not been heard,
Remember, God is listening
And He hears your every word.

He may not always give the things
You wished and hoped He would,
But in His love and wisdom
He does all things for your good.

가슴 속에 기도를 품어라

기도 없이 시작하는 하루는
마치 텅 빈 조개껍질과 같습니다,
기도 없이 끝맺는 하루는
끝이 좋을 리 없습니다.
당신의 심령이 천국을 향해있으면
달콤한 휴식을 찾고
"주의 자비가 멈추지 않음"의 의미를 알게되니까요.
삶이 고통과 근심을 가져다 줄 지라도
연약하여 견디기 힘들 때에도,
하나님의 사랑 안에 거하고
기도의 능력을 받으면,
힘이 생겨난다오.

그러니 당신의 심령 속에 기도하는 마음이 없으면
하루를 시작하지 마시오.
기도하지 않고서 어떤 문제를
결정을 내리지 마시오.
기도는 황금 선물과도 같이
그것 없이는 살아갈 수가 없다오.
당신의 기도가 응답되지
않은 듯 느껴질 때라도
명심하시오, 하나님이 듣고 계신다는 사실을
그분은 당신의 말을 낱낱이 들으신다오.

당신이 소원하는 것과 바라는 것
반드시 주시지는 않을지라도
그분은 사랑과 지혜로
모든 것을 합력하여 선을 이루신다오.

MY PRAYER

Vincent Magro-Attard

God, give me eyes that I might see
The work that can be done by me;

God, give me ears that I might hear
The cry of those who need me near.

God, give me lips that I might speak
Comfort and peace to all that seek.

God, give me a mind that I might know
How to help those who need me so.

God, give me hands that I might do
Some large or simple task for You;

God, give me a prayer that I might pray
Thy help and guidance every day.

And this one thing, all else above;
God, give me a heart that I might love.

나의 기도

빈센트 맥로-애터드

하나님, 제가 할 수 있는 일이 무엇인지
볼 수 있는 눈을 주시옵소서.

하나님, 저를 필요로 하는 자들의 울부짖음을
들을 수 있는 귀를 주시옵소서.

하나님, 갈구 하는 모든 자들에게
위로와 평화의 말을 할 수 있는 입술을 주시옵소서.

하나님, 저의 도움을 필요로 하는 자들에게
어떻게 도울 수 있는지를 알 수 있는 마음을 주시옵소서.

하나님, 당신을 위하여 할 수 있는 크고 작은 일들을
행할 수 있는 손을 주시옵소서.

하나님, 날마다 당신의 도우심과 인도를 구 할 수 있는
기도의 시간을 주시옵소서.

하나님, 무엇보다도 이 한 가지,
사랑 할 수 있는 마음을 주시옵소서.

PRAYER OF DEVOTION

St. Richard of Chichester

Thanks be to thee, my Lord Jesus Christ,
For all the benefits thou hast won for me,
For all the pains and insults thou hast borne for me.
O most merciful Redeemer, Friend, and Brother,
May I know thee more clearly,
Love thee more dearly,
And follow thee more nearly:
For ever and ever.

헌신의 기도

성 리차드 치체스터

주 예수 그리스도께 감사를 드립니다,
제게 베푸신 모든 은택을,
저를 대신하여 지신 모든 고통과 모욕을,
오, 자비하신 구세주여, 친구여 형제여,
주님을 더욱 알게 하소서,
주님을 더욱 사랑하게 하소서,
주님을 더욱 따르게 하소서.

PRAYER OF ABANDONMENT

Charles de Foucauld

Father, I abandon myself into your hands;
do with me what you will.
Whatever you may do, I thank you:
I am ready for all, I accept all.
Let only your will be done in me,
and in all Your creatures -
I wish no more than this, O Lord.
Into your hands I commend my soul;
I offer it to you with all the love of my heart,
for I love you Lord,
and so need to give myself,
to surrender myself into your hands,
without reserve,
and with boundless confidence,

For you are my Father.

포기의 기도

찰스 더 포콜

아버지, 저를 아버지의 손에 맡기나이다.
아버지의 뜻대로 하옵소서.
저를 어찌하시든지 오직 감사하오리다:
무엇이든지 달게 받겠습니다.
오직 아버지의 뜻만이 이루어지게 하소서.
저와 모든 피조물 안에서 –
더 이상 바랄 것이 없나이다, 오 주님.
당신의 손에 저의 영혼을 맡기나이다;
마음속에서 우러나오는 사랑으로 드립니다,
이는 주님을 사랑하기 때문입니다,
그리고 저의 몸을 드립니다,
당신의 손에 제 몸을 맡깁니다.
주저 없이,
끝없는 확신으로

이는 당신이 저의 아버지이신 까닭입니다.

PRAYER FOR SPIRITUAL REVIVAL AND BOLD FAITH

Sir Francis Drake

Disturb us, Lord, when
We are too well pleased with ourselves,
When our dreams have come true
Because we have dreamed too little,
When we arrived safely
Because we sailed too close to the shore.

Disturb us, Lord, when
With the abundance of things we possess
We have lost our thirst
For the waters of life;
Having fallen in love with life,
We have ceased to dream of eternity
And in our efforts to build a new earth,
We have allowed our vision
Of the new Heaven to dim.

Disturb us, Lord, to dare more boldly,
To venture on wider seas
Where storms will show your mastery;
Where losing sight of land,
We shall find the stars.

We ask You to push back
The horizons of our hopes;
And to push into the future
In strength, courage, hope, and love.

영적 부흥과 담대한 믿음을 위한 기도

프란시스 드레이크 경

주여, 우리로 깨닫게 하소서
우리가 우리 자신에게 너무 지나치게 만족할 때
우리가 영적인 일에 소홀하였음을
주여, 우리로 깨닫게 하소서
우리의 꿈이 실현되었을 때
우리가 너무 작은 꿈을 꾸었음을
주여, 깨닫게 하소서.
우리가 무사히 목적지에 도착하였을 때
우리가 망망대해를 지나는 동안 보호하신 그 손길을

주여, 깨닫게 하소서
우리가 이미 가진 그 풍성한 것들 때문에
생명수를 향한 목마름을 상실한 것을
세상과 짝하느라
영원을 꿈꾸지 못한 것을
천국에 대한 소망을 상실한 것을

주여, 깨닫게 하소서
그리하여 더욱 담대히 나아가게 하소서
더욱 광활한 바다로 나아가게 하소서
폭풍이 불 때는 주님이 다스려 주시고
육지가 보이지 않으면
하나님이 지으신 하늘의 별을 바라보게 하소서

저희들을 뒤에서 밀어 주소서
소망의 수평선으로
희망찬 미래의 속으로
힘과 용기와 소망과 사랑가운데로.

DOUBT VERSUS FAITH

Doubt sees the obstacles,
Faith sees the way.

Doubt sees the darkest night,
Faith sees the day.

Doubt dreads to take a step,
Faith soars on high.

Doubt questions, "Who believes?"
Faith answers, "I".

의심과 믿음

의심은 장애물을 보고,
믿음은 길을 본다오.

의심은 가장 어두운 저녁을 보고,
믿음은 밝은 한낮을 본다오.

의심은 한 발짝 걷는 것을 두려워하고
믿음은 하늘 높이 솟아오른 다오.

의심은 누가 "믿겠는가?" 라고 질문하고,
믿음은 "내가 믿노라"라고 대답한다오.

DREAMS

Ron DeMarco

I've dreamed many dreams that never came true,
I've seen them vanish at dawn,
But I've realized enough of my dreams thank the Lord,
To make me want to dream on.

I've prayed many prayers when no answer came,
Though I've waited patient and long,
But answers have come to enough of my prayers,
To make me keep praying on.

I've trusted many a friend that failed,
And left me to weep alone,
But I've found enough of my friends that are really true,
That will make me keep trusting on.

I've sown many seeds that have fallen by the way,
For the birds to feed upon,
But I've held enough golden sheaves in my hand,
To make me keep sowing on.

I've drunk from the cup of disappointment and pain,
I've gone many days without song,
But I've sipped enough nectar from the Roses of Life,
To make me keep living on!

꿈

론 디마르코

내가 수많은 꿈을 꾸었지만 한 번도 이루어 지지 않았네,
오히려 그 꿈들은 새벽녘에 사라져 버렸네,
하지만 그 꿈으로 인해 주님께 감사하게 되었네,
그 꿈으로 말미암아 계속 꿈꾸게 되었으니.

내가 수많은 기도를 드렸지만 한 번도 응답받지 못했네,
오랫동안 인내하고 기다렸지만,
하지만 내가 받은 기도의 응답은 충분하였네,
그 기도로 말미암아 계속 기도하게 되었으니.

내가 믿던 수많은 친구들 나를 배반하고 떠나,
나 홀로 슬피 울었네,
하지만 나에게 참된 친구 많음을 알았네,
그 친구로 말미암아 계속해서 믿게 되었으니.

내가 뿌린 수많은 씨앗들이 길가에 떨어 졌네,
그래서 새들이 와서 쪼아 먹었네,
하지만 나는 내 손안에 황금 볏단을 넉넉히 추수 하였네,
그 볏단으로 말미암아 계속해서 씨를 뿌릴 수 있게 되었으니.

내가 실망과 고통의 잔을 마셨네,
수많은 날 동안 노래 부르지 못했네,
하지만 나는 인생의 장미꽃에서 꿀을 빨았네,
이로 말미암아 인생을 계속 살아갈 수 있게 되었으니!

THE ROCK OF AGES

I saw two little boys one day,
Down by the seashore, hard at play;
One built a castle upon the sand,
And proudly viewed the work of his hand.
Then came the storm tides rolling in,
Nothing was left where his house had been.
The other boy built his castle on rock,
Which storms could never move nor shock.
He also viewed and what did he see,
A house that would stand for eternity.
Christ is the Rock of Ages today,
He is the life, the truth, and the way.
If we want our house forever to stand,
We must build on the Rock, not the shifting sand.

영원한 반석

어느 날 바닷가에서 열심히 놀고 있는,
두 꼬마 소년을 보았습니다;
한 소년은 모래위에 성을 쌓았습니다,
그리곤 자랑스레 그가 만든 작품을 감상하였습니다.
그 때 큰 파도가 밀려와
그의 성이 있었던 곳엔 아무것도 남기지 않고 쓸어갔습니다.
다른 소년은 반석위에 그의 성을 쌓았습니다,
파도가 밀려와도 그 반석은 꼼작도 하지 않았습니다.
그 소년도 그가 만든 작품을 구경하였지요,
영원히 서 있는 집을.
그리스도는 영원한 반석입니다,
생명이며, 진리며 길입니다.
우리도 영원한 집을 세우려면,
연약한 모래 위가 아니라 반석위에 세워야 합니다.

SECOND BREATH

Randy R. Evans

Yesterday were the lost days
My future wasn't bright
I lived in total darkness
There were no signs of light

But today is the first day
Of the rest of my life
For today I have decided
To give my life to Christ

Now I see new days
New days to fill with life
I have finally understood
The true meaning of life

I owe my life to Jesus
For He alone set me free
Nailed upon that rugged cross
The One who died for me

Now my future's endless
There is no second death
For once this life is over
I'll get my second breath

두 번째 생명

랜디 R. 에반스

어제는 상실한 날들이었고
미래는 불투명하여
나는 흑암 속에서 살았네.
전혀 서광의 조짐이 보이지 않았네.

그러나 오늘은 내 남은 생의
첫째 날
오늘 나는 나의 삶을
그리스도께 드리기로 맹세하노라.

이제 나는 새로운 날을 보네.
삶으로 가득한 새로운 날을
나는 마침내 깨달았네.
참 삶의 의미를

나의 생명은 예수님께 달려 있네.
그 분만이 나를 자유케 하셨네.
험한 십자가에 못 박히시고
나를 위해 죽으셨네.

이제 나의 미래는 영원하네.
두 번째 사망이 없어졌네.
이 세상의 삶이 끝나면
나는 두 번째 생명을 얻으리.

ON MOUNTAINTOPS AND VALLEYS

Linda J. Stevenson

I stood upon a mountaintop,
An awesome beauty viewed;
And gazed into the distant peaks
In glory rainbow-hued.

I stared in matchless wonderment,
No tongue or words could tell,
The artistry God's hand did paint
No, none could parallel.

But then I looked to valleys deep
As far as eye could see,
And said, "Dear God, I'd like to dwell
Right here, just You and me."

He said, "My child, it's time to go,
There's work that you must do."
I said, "Father, can't we stay here
And just enjoy the view?"

"The easy way is not the best,"
He said, "You'll never grow.
It's only through the valleys deep
My blessings you will know."

"In valleys deep you'll learn to trust,
You'll learn to lean on Me,
You will find My strength sufficient
To meet your ev'ry need."

"It is through the valley's shadows
That I will make you whole,
Not mountaintops but valleys deep
Where I restore your soul."

정상과 계곡에서

린다 제이 스티븐슨

나는 산꼭대기에 서서,
아름다운 경치를 감상하였노라;
무지개 빛으로 물든
저 멀리 보이는 산봉우리들을 바라보았노라.

다른 것과 견줄 데 없이 아름다운 경치를 바라볼 때,
어떠한 언어와 말로서 표현할 수 없었노라,
하나님의 손으로 채색하신 그 아름다운 예술품을
어느 것도 견줄 수 없으리.

그때 나는 깊은 계곡을 보았노라
내 눈이 닿는 곳 까지
그리고 고백하였네, "사랑하는 하나님, 저는 바로
이곳에 머물고 싶습니다. 오직 주님과 단둘이."라고.

주님이 말씀 하셨네, "내 아이야, 지금은 가야 한단다,
네가 할 일이 있단다." 라고.
내가 말하기를 "아버지, 여기에서
이 아름다운 경치를 즐기며 살순 없을 까요"라고.

"가장 가기 쉬운 길이 가장 좋은 길이 아니다"
"그러면 너는 성장할 수 없단다"라고 말씀 하셨다.
"깊은 계곡을 통해서 많이
네가 나의 축복을 알게 될 것이다." 라고.

너는 깊은 계곡 속에서 나를 믿는 법을 배울 것이며,
내게 의지하는 법을 배울 것이며,
나의 힘을 발견 할 것이며,
네게 필요한 모든 것을 얻을 수 있을 것이다.

계곡의 그늘을 통해서
내가 너를 온전케 하리라,
산꼭대기에서가 아니라 깊은 계곡에서
내가 너의 영혼을 소성케 하리라.

MY LIGHT AT DAWN

Emily McAdams

In the early morning hours
Before the break of dawn
I spend this time of peace and quiet
Just God and me alone.

The beauty of His creation
The stars and moon still bright
Only He, my Lord and Savior
Could have painted such a sight.

I take this time to pray to Him
And praise His glorious name
And if by chance I miss this time
My day's just not the same.

And as I live my daily life
He's always in my heart
He gives me strength to carry on
If my own world falls apart.

He helps me when I'm down and weak
And despair is all I see
He reaches out and draws me back
His arms encircle me.

The joy and peace that He can give
Is just within your grasp
Invite Him into your heart today
You simply have to ask.

So if your life seems empty
And your days aren't clear and bright
Make some time to spend with Him
For God is dawn's first light.

새벽 별

에밀리 맥아담스

이른 아침
동이 트기 전에
나는 이렇게 평안과 묵상의 시간을 가진다.
하나님과 나 단 둘이서.

그가 만드신 자연의 아름다움
여전히 빛나는 별과 달
오직 나의 주, 나의 구세주, 그분만이
이렇게 아름다운 경치를 그릴 수 있었으리.

나는 이렇게 그분께 기도하는 시간을 가진다.
그리고 그의 영광스러운 이름을 찬양하노라.
어쩌다 이 시간을 놓치면
나의 하루는 엉망이 된다네.

내가 하루의 삶을 살아갈 때에
언제나 그분은 내 마음속에 계셔서
비록 세상이 무너져 내릴 찌라도
내게 하루를 살아갈 힘을 주시네.

내가 넘어지고 연약해 질 때 나를 도와주시네.
오직 절망만이 보일 때에도
그는 팔을 뻗어 나를 안으시고
감싸 주시네.

그가 주시는 기쁨과 평안은
그대가 붙잡으면 되는 것.
그분을 지금 당장 당신의 마음속에 영접하시오.
그대는 그냥 구하면 된다오.

그러니 만약 그대의 삶이 공허하고
그대의 앞날이 불투명하고 밝지 않다면
그분과 함께 시간을 보내시오.
하나님은 새벽의 첫 빛이니까요.

PART 4

소망
우정
찬양

THE FINAL SEASON

Ruth Johnson

When the fall is at winters door
my life here on earth will be no more
For my heavenly Father is calling me
to be with Him for eternity
I know I will miss my loved ones here
but the time will someday come
When the clouds above will part
And our Savior will appear.

So when I cross that Jordan river
and reach the other side
where pain and death will have no place
In Gods Wondrous domain I will forever abide.
Do not weep or mourn for me
for I 'll be forever safe
and one day we all will be
together forever with God eternally.

마지막 계절

루스 존선

가을이 겨울의 문턱에 이르면
이 땅에서의 내 인생 끝나고
하늘의 아버지 날 부르시어
그와 영원토록 살리라.
이 땅에 있는 사랑하는 자들을 떠나겠지만
언젠가 그날이 오리라
높은 구름이 갈라지고
우리 구세주 나타나시는 날.

내가 요단 강 건너
맞은편에 다다르면
고통과 사망이 자리 잡지 못하는 그곳에
하나님이 통치하시는 신비로운 세계에서 영원히 살리라.
나를 위해 울지도 슬퍼하지도 말게나.
나 평안히 거하리니
언젠가 우리 모두 하나님과 함께 영원토록 거하리라.

IN THIS LIFE

Mike Hall

In This Life, You'll have days of bright and blue
with good friends and laughter....enough to see you through.

In This Life, There will be misery and doubt
things you scratch your head at....and just can't figure out.

In This Life, You'll have dreams that reach the sky
and passion to move you.... until the day you die.

In This Life, There will be days of pain and loss
and times when your only comfort is The Man upon The Cross.

In This Life, You'll imagine what could be
and think the world is yours for all eternity.

In This Life, There are trials you must face
and days when the world leaves you lost without a trace.

In This Life, We are called to help the poor
to leave the cushy comfort that rests behind our door.

In This Life, You'll be astounded at how quickly years go by
and look back at memories that often make you cry.

In This Life, You'll taste both victory and defeat
and make mistakes that wisdom won't allow you to repeat.

In This Life, You'll find answers to the questions you hold dear
and live for Him who'll take away your worries and your fear.

이 땅의 삶속에서는

마이크 홀

이 땅의 삶속에서는, 절친한 친구들과 함께 웃으며
그대 자신을 투명하게 볼 수 있는 밝고 푸르른 날들을 즐기리.

이 땅의 삶속에서는, 아무리 그대의 머리를 긁으며 애써도
풀 수 없는 불행과 의심 있으리니.

이 땅의 삶속에서는, 그대 죽는 날 까지
하늘을 찌르는 높은 꿈과 감동을 주는 열정 있으리니.

이 땅의 삶속에서는, 고통과 상실의 날에
십자가에 못 박힌 그 분만이 그대의 위로자가 되시리니.

이 땅의 삶속에서는, 그대 장차 올 영원한 세계가 어떤 것인지 상상 하리니.

이 땅의 삶속에서는, 그대가 시련을 당하기도 하고
세상 사람들로부터 흔적도 없이 잊혀 지리니.

이 땅의 삶속에서는, 불쌍한 자들에게
그대의 문 뒤에 감추고 있는 편안함을 나누어 주도록 부름 받았나니.

이 땅의 삶속에서는, 세월이 얼마나 신속히 지나가는지 그대는 놀랄 것이다
그리고 그대를 눈물짓게 했던 추억들을 뒤 돌아보게 될 것이다.

이 땅의 삶속에서는, 승리와 패배 둘 다 맛보리니
다시는 같은 실수를 반복하지 않을 지혜를 얻으리.

이 땅의 삶속에서는, 그대가 소중히 여기는 질문에 대한 답을 얻으리.
그리고 염려와 공포를 물리치시는 그분을 위해 살리라.

WAIT

Gene Griffin

A pressing need, a burdened heart,
A longing in my soul that won't depart-
My trouble burns as a brand upon my spiritual man,
But our all-knowing God has a plan.

I want, I pray, I beg- I plead,
My heart burdened with a Goliath need;
Our Lord knows- we surmise,
And our petitions He will not despise.

But God doesn't answer right away,
Though with much expectation we pray.
"Wait" - our Master seems to say-
To a heart grieved day by day.

The wait is not in vain-
Giving hope amidst all our pain.
The Lord shall turn our loss into gain,
Though God's ways we cannot explain.

기다림

진 그리핀

짓누르는 욕구, 무거운 짐을 진 마음,
떠나지 않는 내 영혼의 갈망-
고통은 나의 영적인 사람위에서 燒印(소인)처럼 타오르지만,
전지하신 하나님은 나를 위한 다른 계획을 가지고 계신다.

저는 부족합니다, 기도합니다, 간구합니다 - 간절히 구합니다,
저의 마음은 골리앗처럼 무거운 욕망의 짐을 지고 있습니다;
주님은 우리들의 생각을 아십니다-
그리고 우리의 간구를 멸시치 아니 하십니다.

비록 저희가 크나큰 기대감으로 간구할 지라도,
하나님은 지금 즉시 응답하지 않으십니다.
우리의 주인께서는 날마다 슬픈 마음을 향하여
"기다리라"라고 말씀하시는 것 같습니다.

우리의 모든 고통 가운데 소망을 주시므로
기다림은 헛되지 않습니다.
비록 하나님의 방법은 헤아릴 수 없지만,
주님은 우리의 손해를 소득으로 만들어 주십니다.

ALL THROUGH THE NIGHT

Gene Griffin

Weeping may endure for a night, but joy cometh in the morning. Psalm 30:5.

Dark the storm doth rage around me,
Long the night with fear assail thee,
But the Lord of light is there
To brighten our night of care.

All through the night I wonder and cry,
And ask myself and God the reason why
Such a storm of darkness came my way,
And when the darkness shall turn to day.

It is not for me to know the reasons,
Nor to discern God's times and seasons.
For in each season of life God has a plan;
It is for me to leave all in His hand.

The Lord of light is good and kind,
In Him grace and strength you will find,
To meet the darkness all through the night,
And find mercy new every morning dawning bright.

고통의 밤이 지나면

진 그리핀

시편 30:5 그 노염은 잠깐이요 그 은총은 평생이로다 저녁에는 울음이 기숙할지라도 아침에는 기쁨이 오리로다

어두운 밤에 폭풍이 저를 엄습합니다,
기나 긴 밤이 무섭게 그대를 공격합니다,
하지만 빛 되신 주님이 함께 하시어
근심 띤 이 밤을 밝혀 주소서.

밤이 맞도록 방황하며 울부짖나이다.
어찌하여 어둠의 폭풍이 저에게 닥치는지 그 이유를
그리고 언제쯤 이 어둠이 낮으로 변할 것인지를
저 자신과 하나님께 물어봅니다.

이유를 아는 것이 제 소관이 아니겠지요,
하나님의 때와 시기를 분별하는 것도.
인생의 시기 마다 하나님의 계획이 있겠지요.
저는 그저 모든 것을 하나님의 손에 맡겨드릴 뿐입니다.

빛 되신 주님은 선하시며 인자하십니다,
그 분 안에서 만 은혜와 능력을 얻을 수 있습니다,
밤을 지나는 동안 어두움을 만날지라도,
동이 트는 아침이면 새로운 주님의 자비를 맛봅니다.

IN A LAND

Mary Frances Wright

There is a star that shines
so bright
In a land where there is
no night
On every face there is
a smile
For we will never suffer
another trial
There are no tears
no fears, no pain
but everything to gain
We will walk and talk
with our Lord Jesus Christ
For He paid the price
On that lonely hill
yet, He loves us still!

그 곳에는

메어리 프란시스 라이트

그곳에서는 밝게 빛나는 별이 있습니다
밤이 없는 땅에서
모든 얼굴에 미소가 있습니다.
다시는 시련을 맛보지 않으리니
눈물이 없고, 두려움도 없고, 고통이 없습니다.
모든 것이 유익일 뿐입니다
우리 주 예수 그리스도와 함께
걸으며 대화를 나누리니
그가 값을 지불한 탓입니다
그 고적(孤寂)한 언덕에서
그는 여전히 우리를 사랑하십니다!

WHAT A DAY THAT WILL BE

Philip R. Drogich

What a day that will be
When my Jesus comes for me
I will look into the face
of the one who saved me by His Grace
In His presence I will stand
as He Welcomes me into the Promise Land
For I know with the Lord I will forever be
What a glorious day for me.

그날은 어떤 날일까

필립 R 드로기치

그날은 어떤 날일까
우리 예수님 날 위해 오시는 그날
은혜로 나를 구원하신
그분의 얼굴 뵈오리
그가 나를 그 약속의 땅으로 인도하실 때
나는 그의 존전에 서리
영원토록 주와 함께 살리니
나에겐 영광스러운 날이 되리라.

THE GIFT OF FRIENDSHIP

Helen Steiner Rice

Friendship is a priceless gift
That cannot be bought or sold,
But its value is far greater
Than a mountain made of gold -
For gold is cold and lifeless,
It can neither see nor hear,
And in the time of trouble
It is powerless to cheer
It has no ears to listen,
No heart to understand,
It cannot bring you comfort
Or reach out a helping hand -
So when you ask God for a Gift,
Be thankful if He sends
Nor diamonds, pearls or riches,
But the love of real true friends.

우정의 선물

헬렌 스테이너 라이스

우정은 값진 선물
돈으로 사거나 팔 수 없는,
하지만 그 가치는
황금으로 만든 높은 산 보다 훨씬 더 크다 -
황금은 차갑고 생명력이 없다,
그리고 사물을 보지도 못하고 듣지도 못한다.
그리고 시련에 처할 때
기운을 북돋아 줄 힘도 없다.
들을 귀도 없고
이해할 가슴도 없다,
우리에게 위로를 주지 못 한다.
도움의 손길을 펴지 못 한다 -
하나님께 한 가지 선물을 구했을 때,
다이아몬드나 진주나 재물을 주지 않고,
참된 친구의 사랑을 주시면 오히려 감사하라.

FRIENDS

Steven Hanna

Thank you Lord, for all my friends
Each one is dear to me
For all the smiles and glowing hearts
I seem to always see.

They're there in times of good and bad
Their love, they always share
They fill me with unending joy
And show me that they care.

I see them as the shining stars
God placed them there with care
I may not always see their smiles
But know they're always there.

친구들

스티븐 한나

주여, 저에게 친구들을 주시니 감사합니다
한 사람 한 사람이 저에게는 매우 소중합니다
그들의 미소와 열정적인 마음들을
언제나 느끼게 하시니 감사합니다.

기쁠 때나 슬플 때 그들은 한결 같습니다
그들은 언제나 그들의 사랑을 나누어 줍니다
그들은 나의 마음을 영원한 기쁨으로 가득 채워줍니다
그리고 나에게 배려의 마음을 보여 줍니다.

저는 그들을 찬란히 빛나는 별이라 생각합니다
하나님이 그들을 보살펴 주심으로
비록 그들의 미소를 항상 볼 수는 없지만
그들은 언제나 저와 함께 있습니다.

SPRING OF LIFE

Ruth Johnson

When winter days give in to spring
and trees begin to bud
I can see all God handiwork
from the grass to the stars above
The joy and warmth the daylight brings
as the birds sing songs of praise
for they are also happy
for the earth that God hath made
and when the coolness of the evening comes
and the dusk gives way to night
we close our eyes and say dear Lord
thank you for the beauty of life.

인생의 봄

루스 존슨

겨울이 봄에게 굴복하고
나무에 움이 트기 시작하면
나는 하나님의 솜씨를 감상한다오
들풀에서 하늘의 별에 이르기 까지
낮이 기쁨과 따스함을 가져다주고
새들도 행복에 겨워
하나님이 지으신 세계를 향하여
찬양의 노래를 부르고
저녁의 냉기가 오면
땅그미는 어느새 밤에게 굴복하고
우리는 눈을 감고 사랑하는 주님께
아름다운 삶에 대하여 감사드린다오.

SING AS THE BIRDS SING

Norma Jean Duncan

Oh, how sweet the music of the birds
That chirp and sing in early morn.
They make a melody without words
And make me glad I was born.

Let's all sing as the birds sing
And make a glad noise.
Let our happy voices ring
And tell of our many joys.

If one bird falls upon the ground
The one who created it knows.
Wings He gives them to fly around
Seeds and berries for them grows.

If so much for a bird, He cares
He cares more for you and me.
We know He hears our prayers
Our troubles He can surely see.

Each time you begin to hear
The sweet music of the birds.
You can know that God is near
And speaks to us without words.

새처럼 노래하라

노마 진 던칸

오, 이른 아침 지저귀며 노래하는
새들의 음악소리 얼마나 감미로운가.
가사 없이 운율을 만들어
내가 이 땅에 태어난 것을 기쁘게 해 주네.

우리 모두 새처럼 노래하세
기쁜 소리를 발하세.
우리 모두 행복한 목소리 울리게 하세
우리들의 기쁨을 알리세.

한 마리 새가 땅에 떨어지는 것조차
창조주는 아시네.
새들에게 날 수 있는 날개를 주시고
새들이 먹을 씨앗과 열매를 자라게 하시네.

새 한 마리도 그렇게 돌보시거늘
하물며 그대와 나는 얼마나 더 돌보시리.
그가 우리의 기도를 들으시고
우리의 고난을 확실히 아시네.

아름답게 지저귀는 새 소리
들릴 때 마다
하나님이 곁에 계셔서
무언으로 말씀하시네.

QUIETNESS

Evelyn Idelle Drewer Joy

Lord tell me now of gentle thing,
Thy tender love and care.
Of quiet times to rest my soul,
These precious moments rare.
Are like a lily sweet and pure,
It's tender leaves unfold.
It gives a fragrance like to God
When Thine own love is told.

고요함

에벌린 이델르 드류어 죠이

주님, 제게 인자하신 말씀,
주님의 부드러운 사랑과 배려의 말씀 들려주시옵소서.
고요한 묵상의 시간에 내 영혼 쉼 얻게 하소서,
이 흔치않은 소중한 순간은
아름답고 청순한 백합화와 같습니다.
인자하신 주님의 사랑이야기 들을 때
아름답고 청순한 백합화가,
부드러운 잎사귀를 펼치며.
하나님께 향기를 발하듯 합니다.

PART 5

고백
임재
결단

THE LIGHTED PATH

Jay Parr

I choose the path of commitment,
For it offers greater rewards.
While others feel this to be a sacrifice,
I consider it serving the Lord.

Sacrifice is giving up something,
to achieve a purpose or goal.
Serving Jesus is not doing without anything,
It is the most fulfilling thing I know.

I look at the world today,
It is in a darkened state,
Too many individuals,
Want everything their own way

I wish they could understand,
The path I have in my sight.
For It is a path lead by Jesus
And it is a path of light

Please consider the Lighted Path,
Do not travel in the dark,
Christ is ready to lead you to Glory,
If you seek Him with your heart.

빛의 길

재이 파아

제가 헌신의 길을 택한 이유는,
더 큰 보상이 있기 때문입니다.
다른 사람들은 이것을 희생이라고 느끼지만,
저는 주님을 섬기는 일이라고 여깁니다.

희생은 목적이나 목표를 이루기 위하여
소중한 것을 포기하는 것입니다.
예수님을 섬기는 일은 반드시 보답이 있습니다,
내가 아는 바 가장 뜻있는 일입니다.

제가 오늘날의 세상을 봅니다.
암울한 상태에 빠져 있습니다.
너무나 많은 사람들이 각기
제 길로 가고 있습니다.

우리들의 목전에 그 길이 있음을.
예수님이 이끄시는 그 길
빛으로 인도하는 그 길이 있음을.
그들이 이해할 수 있으면 좋으련만,

빛의 길을 생각하십시오,
어둠속을 걷지 마십시오,
그리스도는 당신을 영광으로 인도하십니다,
온 마음을 다하여 그분을 찾으십시오.

ALL I COULD WHISPER WAS "JESUS"

Betty G. Alexander

All I could whisper was "Jesus"
I was torn in the depths of despair.
All I could whisper was Jesus
His name alone was my prayer.

All I could murmur was Jesus.
He knew all my struggles and pain.
He knew my requests all unspoken
While I softly cried out His name.

Bound in the depth of His mercy
Held fast in the shade of His care,
His sweet gentle name was my refuge,
Anchored safe in that harbor of prayer.

Still, all I could whisper was Jesus.
All I could say was his name.
All I could whisper was Jesus,
But he knew my prayers just the same!

속삭임

베티 G 알렉산더

제가 속삭였던 말은 오직 "예수님"이었습니다.
저의 삶이 깊은 절망의 나락에서 산산 조각 났을 때.
제가 속삭였던 말은 오직 "예수님"이었습니다.
오직 그의 이름만이 나의 기도제목이었습니다.

제가 중얼댔던 말은 오직 예수님뿐이었습니다.
제가 그분의 이름을 조용히 불렀을 때
그분만이 저의 모든 고생과 수고를 아셨습니다.
그분만이 감추어진 저의 모든 필요를 아셨습니다.

그의 깊은 자비의 심연 속에 매인바 되고
그의 보호의 그늘 속에 붙잡힌바 되어,
그의 아름답고 인자한 이름이 저의 피난처가 되셨습니다.
그 기도의 피항에서 안전히 거하게 됩니다.

아직도 제가 속삭였던 말은 오직 "예수님"이었습니다.
제가 말할 수 있는 것은 오직 그의 이름이었습니다.
제가 속삭였던 말은 오직 "예수님"이었습니다,
여전히 그는 저의 기도의 제목을 알고 계셨습니다.

I LOVE YOU LORD

Steven Hanna

Jesus, You're the Lord of all
Your love is all around
In times of trial, times of grief
Your loving arms surround.
Forever shall I sing Your praise
And worship at Your feet
I love You Lord, with all my heart
For all my needs You meet.

주님, 사랑합니다

스티븐 한나

예수님, 당신은 만유의 주이십니다
당신의 사랑이 온 누리에 퍼져있습니다
시련을 당하는 때에도, 슬픔을 당하는 때에도
당신의 사랑의 팔이 나를 감싸 주십니다.
영원히 당신을 노래하리이다
당신의 발아래 경배하리이다
주님, 당신을 사랑 합니다. 온 마음을 다하여
당신은 저의 모든 필요를 채우시 나이다.

CLOSER TO JESUS

Sharon Maxwell

The closer I draw to Jesus
And confess to Him all my sin,
The more He fills me with more of Himself
And cleanses my heart from within;

Mercy is granted whenever I fail;
Grace is given when I am in need;
What a joy to know
More like Him I will grow
As on His Word daily I feed;

Yes, the closer I draw to Jesus,
More like Him I surely will be;
For I claim His Blood to cover me over
And keep me constantly free;

Yes, I claim His Blood to cover me over
And constantly keep me free!

예수님께 더 가까이

샤론 맥스윌

예수님께 가까이 나아가
모든 죄 고백하면 할수록,
그분으로 나를 가득 채우시고
그분 안에서 내 심령 정결케 하시네.

내가 실패 할 때마다 자비 내리시고;
궁핍 할 때 마다 은혜 내리시네;
큰 기쁨 알았네
더욱 그분을 닮아가네
날마다 그의 말씀으로 나를 먹이시네;

정녕, 예수님께 가까이 나아가면,
더욱 그분 닮아가네;
그의 피로 나를 감싸시고
한결같이 나를 자유케 하시네;

정녕, 그의 피로 나를 감싸시고
한결같이 나를 자유케 하시네!

MY LORD AND REDEEMER

Eleanor Bell

You are my Lord, my Redeemer
Loving kindness thru and thru
Here beside me, You never leave me
I am so blessed to be loved by You

In the times of what seems darkness
In my hour of deep despair
I close my eyes and reach to touch You
To let You have my every care

When my heart if filled with gladness
And I thank You for the sky so blue
I hear Your Spirit whisper "Thank you -
This awesome day was made for you"

나의 주 나의 구속자

엘리너 벨

당신은 나의 주, 나의 구속자 이십니다
날마다 순간마다 사랑을 베푸시며
이곳 제 곁에 계서서 떠나지 않으십니다.
당신의 사랑을 받는 저는 축복 받은 자 입니다.

흑암이 몰려오는 때에도
깊은 절망에 빠져있을 때에도
당신의 보살핌을 구하려
눈을 감고 당신께로 손을 내밉니다.

제 마음 즐거움으로 가득 차면
푸른 하늘을 주신 당신께 감사드리면
당신의 영이 제게 속삭입니다. "고맙다 –
이 신묘한 날은 너를 위하여 만들어 졌다네."

GOD IS ALWAYS AVAILABLE

Evelyn D. Putnam

I admit that there are times
That I am tempted to despair.
Then God speaks in all His mercy
To let me know He's there.

He took care of yesterday for me.
Tomorrow is in His care.
Today He will walk beside me
In answer to my prayer.

He brings constant joy and comfort
To ease my concerns away.
I could not go on without Him
To be my companion through each day.

I would just like to remind you
To lean hard upon His breast.
Release each trial to Him.
Wait for Him to do the rest.

언제나 만나 주시는 하나님

에벌린 디 푸트남

때론 절망에 빠지고 싶을 때도
있음을 솔직히 인정 합니다.
그러나 그 때 마다 하나님은 크신 자비하심으로
나와 함께 하심을 알게 하십니다.

하나님은 어제도 저를 돌보셨습니다.
내일도 하나님의 돌보심 속에 있습니다.
오늘도 저의 곁에서 동행하시며
저의 기도에 응답하십니다.

하나님은 끊임없이 기쁨과 위로를 주시며
저의 염려를 없애 주십니다.
하나님은 날마다 저의 길동무가 되시오니
하나님 없이는 살아 갈 수 없습니다.

하나님의 가슴에 기대어
살아가시기를 원합니다.
모든 시련을 그 분께 내려놓고
나머지 일은 그분이 하도록 기다리십시오.

SHADOWS

Brett Click

The shadows that hid my soul,
Have all but disappeared.
Where have they gone I wonder,
That darkness I once feared.

In the calm between the storms,
Rich light comes piercing through.
The warmth upon my cheeks,
My sky turns black to blue.

Like a mirage in the desert,
Of which cause my eyes to squint.
I wonder about this new light,
Could it truly be heaven sent?

It penetrates my inside depths,
Like the dew on a morning lawn,
Should I still fear the darkness?
While the shadows seem surely gone.

As the days pass one by one,
The shadows a memory of past.
Your light shines brightly now,
My Savior, You 've come at last.

그늘

브렛 클릭

내 영혼을 에워쌌던 그늘이
이제 거의 사라졌습니다.
어디로 갔는지 모르겠지만,
한때 나는 그 어두움을 두려워했습니다.

폭풍과 폭풍사이의 정막함속에서
찬란한 빛이 뚫고 들어옵니다.
나의 두 뺨에 따스한 햇살이 내리고,
검은 하늘이 푸르게 변합니다.

사막의 신기루처럼,
나는 살포시 눈을 뜹니다.
이 새로운 빛이 어디에서 왔을 까,
진정 하늘에서 왔을까?

아침 잔디위에 내린 이슬처럼,
그 빛이 나의 깊은 심령을 뚫고 들어옵니다.
그늘이 분명히 사라진 지금도
나는 어두움을 두려워해야 합니까?

하루하루가 지나가면,
그늘은 과거의 추억 속으로 사라지고,
당신이 보낸 빛이 이제 밝게 비칩니다,
나의 구세주여, 마침내 임하셨군요.

SOMEONE WATCHES

Vickie Lambdin

Someone watches over me
Someone sweet, and dear
Sometimes he seems so far away,
And yet, so very near.

When my soul is weary
From the beaten paths I've trod,
He whispers oh, so gently,
"Be still for I am God."

누군가 지켜보시네

빅키 램딘

누군가 나를 지켜보시네
아름답고 사랑스러운 누군가 가
때로는 멀리 있는 것 같으나,
실은 매우 가까이 계시는 분이라네.

내 영혼이 지쳐있을 때
내가 걸어온 인생길에서 기진맥진하여 있을 때,
오, 그의 부드러운 음성으로 속삭이시네
"잠잠하라 내가 하나님이니라."

NOW I UNDERSTAND

Beverly J. Anderson

I cannot say that I am glad when storm clouds come,
When days and nights are burdensome and long.
I like the peacefulness of sunny days
When life is bright and in my heart's a song

And yet, I know the wisdom I have learned
Or any courage that my life displays
Was never gained in golden sunlit hours
But rather grew from dark and stormy days.
I've felt God's presence closer mid the storm
As I relied on Him to guide my way
And through my trials found a stronger faith
Enabling me to better face each day.

And so, I would not ask God NOT to send
Those testings fashioned by His loving hand;
For ALL things work together for my good
And things once questioned ... now I understand.

이제 이해가 되요

버블리 제이 앤더슨

폭풍 구름 엄습하고, 주야로 무거운 짐이 나를 누를 때,
나의 마음은 그리 기쁘지 않아요.
삶이 찬란히 빛나고, 마음에 한 노래가 있는
햇살 비취는 평화로운 날이 좋아요.

하지만 내가 지금껏 터득한 지혜나
내 삶에 나타난 용기는
황금빛 햇살이 비취는 날에 얻은 것이 아니라
오히려 어두운 폭풍우 일던 날에 생겨난 것이라오.

폭풍가운데 하나님의 임재가 더욱 가깝게 느껴졌다오
그 때 더욱 하나님께 내 길을 의지하였다오.
그래서 시련을 통하여 더욱 강한 믿음 얻게 되고
나날이 더욱 멋진 삶을 살아간다오.

그래서 그의 사랑의 손길로 펴신 그 많은 시험들을
내게 보내지 말아 달라고 구하진 않겠어요.
모든 것이 합력하여 선을 이루기 때문이죠
한때는 의문이었던 것이 지금은 이해가 되요.

LET ME BE A HUMBLE SERVANT

Gail Stanford Sirotnak

Jesus, please come near to me
Reading Your word hope to see
The great great glory of thee
Most humble servant I be

I'll be praying all the way
Most honored place of the day
To feel Your peace be the pay
I'm leaning on all You say

I'm singing praises to Thee
All I ask is for the key
So all the world will see
Guide the path You have for me

겸손한 종이 되게 하소서

게일 스탠포드 서롯낵

예수님, 제게 가까이 오소서
당신의 말씀을 읽으며 소망을 봅니다.
당신께 크나큰 영광을 돌려드립니다.
저는 당신의 가장 비천한 종입니다.

저는 언제나 기도 하겠습니다.
하루 중 가장 소중한 시간에
당신의 평안으로 제게 보답 하소서.
당신이 하시는 모든 말씀을 의지하며 살겠나이다.

당신께 찬양을 드립니다.
제가 원하는 것은 오직 삶의 열쇠를 얻는 것입니다.
온 세상 사람들이 볼 수 있도록
저를 위해 예비하신 그 길을 가르쳐 주소서.

FOLLOW ME

Carolyn Porter

I used to walk down a sinful road
a road that led to heartache and woe.

My worldly views were what I had
no peace of mind could I find.

Then one day I cried in despair
and that's when the Master called unto me.

Come my child and look up to Me
I want to cleanse you and set you free.

For I died on a tree so you could be free
and now you can see what Heaven will be.

So reach out and trust Me and together we'll find
a new life, a new road, and a new home with Thee.

For the freedom of Heaven is joyful with Me
so don't hesitate today to come unto Thee.

The road may be narrow but what you will find
is peace, love, and joy that is truly sublime.

Then you will see how lovely Heaven will be
when you take up your cross and follow Me.

나를 따르라

캐롤린 포터

나는 죄로 물든 길을 걸었네
가슴 저리고 슬픔만 가져다주는 길을

물질이 나의 세계관이었네
그러나 마음에 평안 얻지 못했네.

그런데 어느 날 나는 절망 가운데 슬피 울 때
주님이 나를 찾아 오셨네.

아이야, 이리 와서 나를 바라보아라.
내가 너를 정결케 하리라, 너를 자유케 하리라.

내가 십자가에서 죽었으니 너는 자유하리라
이제 너는 하늘의 광경을 보리라.

그러니 손을 뻗어 나를 믿으라. 우리 함께 보리라
새로운 삶, 새로운 길, 그리고 새로운 본향을.

나와 함께 천국의 자유를 기쁘게 누리자 꾸나.
망설이지 말고 지금 내게 오려무나.

그 길은 좁으나 그대 발견하리라
평안과 사랑과 숭고한 기쁨을

너의 십자가를 지고 나를 따르면
그대 지극히 아름다운 천국을 볼 것이다.

A HELPING HAND

Steven Hanna

Another morning sunrise
To start a brand new day
I'm scared by what awaits me
It's time I knelt to pray.
Your precious Word, it teaches
To bring my fears to You
To leave them at Your throne of grace
And You will help me through.

도우시는 손길

스티븐 한나

또 하나의 아침 태양이 솟아오르면
새로운 하루가 시작 되고
나를 기다리시는 손길에 감탄하며
나는 무릎 꿇고 기도합니다.
당신의 귀한 말씀이 나를 가르치고
당신을 경외하며
은혜의 보좌 앞에 나아갈 때,
당신은 온 종일 저를 도우시나이다.

WHEN THE TIMES OF MY LIFE

Chris Mason

When the times of my life
Seem ever so dark
I turn to the Lord
And He comforts my heart

His Love and His Grace
Fills my every need
And His promise through Jesus
Makes my life complete

My life as a sinner
Was paid with a price
Through the blood of my Savior
Who is the Holy Jesus Christ

As He works in my life
And changes my heart
I will follow His word
And I will never depart

For God so Loved us all
That He sent to this earth
A King who would save us
From the time of His Birth

내 삶의 세월들이

크리스 메이슨

내 삶의 세월들이
암울 할 때 마다
나의 마음 주께로 향하면
그가 나의 심령을 위로하리.

그의 사랑과 돌보심으로
나의 필요를 만족케 하시네.
예수님을 통하여 하신 그의 약속이
내 삶을 완전케 하시네.

죄인 된 나의 삶이
나의 구세주
거룩하신 예수 그리스도의 피로
죄 값을 치렀네.

그가 내 삶속에 역사하시면
내 심령이 변화되어
그의 말씀 좇아 살며
그분 곁을 떠나지 않으리.

하나님이 우리를 이처럼 사랑하사
이 땅에 보내셨네.
탄생하신 그 순간부터
우리를 구원하실 왕을 보내셨네.

TRAVELING ON YOUR KNEES

Last night I took a journey
To a land across the seas.
I didn't go by ship or plane
I traveled on my knees.

I saw so many people there
In bondage to their sin,
And Jesus told me I should go,
That there were souls to win.

But I said "Jesus, I can't go
To lands across the seas."
He answered quickly, "Yes, you can
By traveling on your knees."

He said, "You pray, I'll meet the need.
You call, and I will hear.
It's up to you to be concerned
For lost souls far and near."

And so I did; knelt in prayer,
Gave up some hours of ease,
And with the Savior by my side,
I traveled on my knees.

As I prayed on, I saw souls saved
And twisted persons healed,
I saw God's workers strength renewed
While laboring in the field.

I said, "Yes Lord, I'll take the job.
Your heart I want to please.
I'll heed Your call and swiftly go
By traveling on my knees."

무릎으로 걷기

저는 어제 밤 여행을 하였습니다.
바다 건너 어느 육지로.
배나 비행기로 가지 않았습니다.
무릎으로 여행을 하였습니다.

그곳에 많은 사람들이
죄에 묶여 있는 모습을 보았습니다,
예수님이 나더러 그곳에 가라고 말씀하셨습니다.
그곳에서 영혼들을 구원하라고

하지만 나는 "예수님, 저는
바다 건너 땅으로 갈 수 없어요"라고 하였지요.
예수님이 즉시 말씀하시길, "아냐 너는
무릎으로 기어서 갈 수 있어"라고.

"너는 기도하라, 내가 너의 필요를 채우리라
네가 부르면 내가 들으리라
원근각지에 있는 잃어버린 영혼에
관심을 두는 것은 너에게 달린 일이다"라고 하셨지요.

그래서 나는 무릎 꿇고 기도드리며,
안락한 시간들을 포기하고,
예수님을 모시고,
무릎으로 여행을 하였다오.

내가 계속 기도 할 때에 수많은 영혼들이 구원을 받았고
중풍병자들이 고침을 받았답니다,
하나님의 사역자들이 현지에서 수고할 때에
새로운 힘을 얻는 모습을 보았습니다.

"네 주님, 제가 그 일을 하겠습니다.
당신의 마음을 기쁘게 해 드리겠습니다.
당신의 부르심에 귀를 기울이고 속히 가겠나이다.
무릎으로 여행을 떠나겠나이다"라고 대답했지요.

PART 6

사랑
생활
성취

LOVE

Evelyn Idelle Drewer Joy

Love is by far the sweetest thing that I have ever known.
It's something deep within my soul
Like a breath from heaven blown.
To comfort when the tide is high
My way grows dark and dim.
I grope in utter darkness
And try to trust in Him.
Who never yet has failed me
When I called in deepest trust.
And from the darkness light appeared
When my soul seemed ought but dust.

사랑

에벌린 이델르 드류어 죠이

사랑은 내가 아는 것 중 단연코 가장 달콤한 것.
그것은 마치 하늘에서 불어오는 생기처럼,
내 영혼 깊은 곳에 있는 그 무엇.
조수가 밀려오고 나의 인생길이 어둡고 컴컴할 때
내게 한없는 위로를 주는 것.
칠흑 같은 어둠속을 헤매며
주님을 믿으려 애쓰네.
지금껏 단 한 번도 저를 실망시키지 않으신 분
믿는 맘으로 찾아가면
한갓 먼지와 같은 내 영혼이
어두움에서 빛이 되어 나타난다.

LIFE

Evelyn Idelle Drewer Joy

I've been through the valley of the shadow of death
I've felt death's icy stare.
I've known torment that tortures the soul.
But the Savior met me there.
To comfort and soothe with His still sweet voice.
The tempest I couldn't bear.
In His own good time He brought me through
For His love was always there.
We struggle and strive and toss and groan.
The time seems endless and vain.
When we stood the test and weathered the storm.
He takes away the pain.
For He never leaves us completely alone.
His eyes NEVER leave His own.

인생

에벌린 이델르 드류어 죠이

저는 사망의 음침한 골자기를 지나왔습니다.
저는 죽음의 차가운 시선을 느꼈습니다.
저는 영혼을 괴롭히는 고문을 당하였습니다.
하지만 그곳에서 구세주를 만났습니다.
그분은 감미로운 음성으로 세미하게 속삭이며 저를 위로하고 달래주었습니다.
견딜 수 없는 사나운 비바람 속을
주님이 정하신 때에 무사히 지나오게 하셨습니다.
그분의 사랑은 언제나 그곳에 계십니다.
우리가 인생과 싸우고 분투하며 몸부림치며 신음할 때,
시간은 끝없이 공허해 보입니다.
우리가 시험 당하여 폭풍이 몰아쳐 올 때,
그분은 우리의 고통을 물리치십니다.
그분은 결코 우리들을 홀로 두시지 않습니다.
그분의 눈은 결코 우리를 떠나지 않습니다.

A POT OF CLAY

Melissa Sanders

As God looked down from Heaven one day,
He saw an old pot, it was made of clay.
Dirty and broken it lay there on the ground,
Worthless and ugly, it was kicked around.

Oh, it was so useless, fit for destruction,
Worn and ragged, a horrible obstruction.
Yet laying there, it seemed to catch God's eye,
For He didn't see it as just an ugly sty.

Reaching down He picked up that old pot,
He just couldn't let it lay there and rot.
Slowly He wiped away all the dirt and dust,
Gently He washed away years of earthly rust.

He patched it carefully, filling up each hole,
Making that pot as one, yes, completely whole.
He patched and filled each and every groove,
Then He sanded it until it felt smooth.

He painted with ease, every little detail,
Then He made it shine, He loved it, you could tell.
He worked so hard on this pot made of clay,
For He saw in it such beauty to display.

This pot I speak of, well, it's really me,
Created by God, His child at His knee.
Created to show that His love knows no bounds,
To tell of His grace, which surely abounds.

Now you may be thinking, you're a dirty pot,
But I want to tell you that you're really not.
God will take and bring out such beauty in you,
Oh, my Friend, I promise you that this is true.

질 그릇

멜리사 샌더스

어느 날 하나님께서 하늘에서 이 땅을 내려다 보셨습니다,
진흙으로 만들어진 낡은 항아리 하나를 발견하였습니다.
더럽고 부셔진 채로 길에 내버려져 있었습니다,
아무짝에도 쓸모없어 사람들에게 차여 이리저리 굴러 다녔습니다.

오, 아무데도 쓸데가 없어 부셔져야 마땅한 모습으로,
부서지고 망가져 사람들에게 방해가 되었습니다.
거기에 딩굴고 있었지만 하나님의 눈에 띄었습니다.
하나님은 그 항아리를 더럽게 보지 않았기 때문이죠.

하나님은 손을 뻗어 그 낡은 항아리를 집어시고
그곳에 놓여 녹 쓰는 모습을 그냥 둘 수 없었습니다.
그래서 하나님은 천천히 모든 때와 먼지 닦으시고,
해묵은 녹을 인자하게 씻어 내셨습니다.

조심스레 헝겊을 기우시고, 뚫어진 곳을 메우셨습니다,
마침내 그 항아리를 온전한 것으로 만드셨습니다.
구멍 난 곳 모두 때우고 메우셔서,
매끄러워 질 때까지 문지르셨습니다.

꼼꼼하게 칠을 하시고,
광택을 나게 하시고, 사랑한다고 말씀 하셨습니다.
정성을 다하여 이 질 그릇에 손질하심은,
그 속에 감추어진 아름다움을 드러내 보이고 싶었기 때문입니다.

내가 말하는 이 그릇은 바로 나 랍니다.
하나님이 창조하셨고, 무릎에 앉히시고 그의 자녀 삼으셨습니다.
그의 사랑 끝이 없음을 보이시려 나를 만드시고
정녕 그의 은혜가 넘치리라 말씀하셨습니다.

당신도 스스로 추한 그릇이라 생각하실지 모르나,
사실은 그렇지 않다고 말씀 드리고 싶습니다.
하나님께서 당신 속에서도 아름다움을 드러내실 것입니다.
오, 친구여 이 말이 사실임을 약속드립니다.

SPARROWS

Robbin Milam Hall

So many sparrows fall
Yet no one sees
The One Who made them all
In silence grieves.

If God so loves the sparrows,
How much more
He loves the child
He gave His Son up for.

참새

로빈 밀람 홀

수없이 많은 참새 떨어지지만
아무도 참새를 만든 이 누구인지
아는 이 없어
말없이 슬퍼하노라.

만일 하나님이 참새를 이처럼 사랑하신다면
하물며 그의 아들을 바친
그 자녀는 얼마나 더 사랑하실까.

WHERE IS LOVE

                                        Eleanor Bell

Where is love, I hear them say
The values and kindness of yesterday
When one word or two, or a shake of the hand
Was all that was needed for a promise to stand

Where is love, the desire to be
Filled with a passion for your own family
Where a child can gaze into his parents eyes
And see love and truth, not hate and lies

Where is love, the joy and pride
With no dark secrets in which to hide
Where standards expected are within reach
And those enforcing them, willing to teach

Where is love, understanding and fair
Where a wrong has been done, you still show that you care
Where a hug and a kiss mean so much
From the comforting assurance of your touch

Where is love, unconditional and free
A guiding light for all to see
Look to the heavens, to your Father above
This gift He will give you - for He's the author of love

사랑이 어디 있는가

엘리너 벨

사랑이 어디 있는가,
한 두 마디의 말이나 악수로
약속이 성립되던
어제의 가치관과 친절은 어디 갔는가?

사랑은 어디 있는가,
가족을 위한 열정으로 가득 찼던 그 마음이 어디 갔는가?
아이가 그의 부모님의 눈길을 응시하며
사랑과 진실을 볼 수 있었고 미움과 거짓은 보이지 않던 곳.

사랑은 어디 있는가, 즐거움과 자부심은 어디 있는가?
감추어야 할 어두운 비밀이 없는 곳
예상 했던 기준에 도달하는 곳
기준을 강요하는 사람들이 가르치기를 즐기는 곳

사랑은 어디 있는가, 이해심 있고 공평한
잘못을 범하였지만, 여전히 당신의 사랑을 보여주시는 곳
포용과 입맞춤으로 충분한 곳
당신의 만지심으로 위로를 받는 곳

사랑은 어디 있는가, 무조건적이며 자유로운
누구나 볼 수 있는 유도(誘導)의 빛
천국을 바라보시오, 위에 계신 아버지를
그가 당신에게 주신 이 선물 --- 그는 사랑의 근원이시라오.

JESUS' LOVE FOR US

We rejected you
and you still love us
We cursed you and spit at you
yet you still love us
We whipped you and stoned you
yet you still love us
We killed you
and you still love us

예수님의 사랑

우리는 당신을 거절하였지만
당신은 여전히 우리를 사랑하십니다.
우리는 당신을 저주하였지만
당신은 여전히 우리를 사랑하십니다.
우리는 당신에게 매를 휘두르고 돌을 던졌지만
당신은 여전히 우리를 사랑하십니다.
우리는 당신을 죽였지만
당신은 여전히 우리를 사랑하십니다.

IF JESUS CAME TO YOUR HOUSE

If Jesus came to your home to spend a day or two --
If He came unexpectedly, I wonder what you'd do.
Oh, I know you'd give your nicest room to such an honored Guest,
And all the food you'd serve Him would be the very best,
And you would keep assuring Him you're glad to have Him there --
That serving Him in your home is joy beyond compare.

But -- when you see Him coming would you meet Him at the door
With arms outstretched in welcome to your Heavenly Visitor?
Or would you have to change your clothes before you let Him in,
Or hide some magazines, and put the Bible where they'd been?
Would you turn off the radio and hope He hadn't heard,
And wish you hadn't uttered that last, loud, hasty word?

Would you hide your worldly music and put some hymn books out?
Could you let Jesus walk right in, or would you rush about?
And I wonder -- if the Savior spent a day or two with you,
Would you go right on doing things you always do?
Would you go right on saying the things you always say?
Would life for you continue as it does from day to day?

Would your family conversation keep its usual pace,
And would you find it hard each meal to say table grace?

Would you sing the songs you always sing, and read the books you read,
And let Him know the things on which your mind and spirit feed?
Would you take Jesus with you everywhere you planned to go,
Or would you, maybe, change your plans for just a day or so?

Would you be glad to have Him meet your very closest friends,
Or would you hope they stay away until His visit ends?
Would you be glad to have Him stay forever on and on,
Or would you sigh with great relief when He at last was gone?
It might be interesting to know the things that you would do,
If Jesus came in person to spend some time with you.

만일 예수님이 당신 집에 오신다면

만일 예수님이 당신 집에 오셔서 며칠 묵으신다면,
만일 예수님이 예기치 않게 오신다면, 당신이 어떻게 할까 궁금하군요.
아, 지체 높으신 손님이라 가장 멋진 방을 내어 주겠지요.
그리고 가장 맛있는 음식으로 대접하겠지요.
그리고 모시게 되어 기쁘다고 자신있게 말하겠지요---
즉, 예수님을 집에 모시게 되어 비길데 없이 기쁘다고 말입니다.
하지만---예수님이 집에 오시면 당신은 아마 문 앞에서 두 팔을 벌리며
하늘에서 오신 손님을 환영하며 영접하시겠습니까?
아니면, 집안으로 영접하기 전에 옷부터 갈아입겠어요?
아니면, 잡다한 잡지들을 감추고, 그 자리에 성경을 놓겠어요?
라디오를 끄고, 예수님이 듣지 않았기를 바라겠어요?
그리고 당신이 방금 큰 소리로 화내며 했던 말을 후회할 까요?

세속적인 음악을 숨기고 찬송가책을 끄집어내겠지요?
예수님을 바로 모시고 들어오실까요, 아니면 급히 다른 데로 모실까요?
그리고 궁금한 것은--만약 주님께서 하루 이틀 정도 당신 집에 묵으신다면,
평소에 하던 대로 당신 일을 하겠습니까?
평소에 하던 대로 말을 하겠습니까?
당신의 삶이 매일 하던 대로 지속될까요?

가족들 사이의 대화도 평소의 속도대로 진행이 될까요?
그리고 식사기도도 힘들지 않을까요?
평소에 부르던 노래도 부르고, 평소에 읽던 책도 읽을 수 있을까요?

그리고 마음과 정신을 쏟았던 것을 예수님께 알려드릴 수 있을까요?
당신이 이미 계획해 두었던 곳으로 예수님을 데리고 가실 수 있을까요?
아니면, 하루 정도의 계획을 바꾸시겠습니까?
가장 친한 친구들에게 기꺼이 예수님을 소개해 줄 수 있을까요?
아니면 예수님의 방문이 끝나는 날까지 그 친구들을 멀리하겠어요?
예수님께서 영원히 당신 집에 머물러 계시기를 바라겠습니까?
아니면, 그가 마침내 떠나가시면 안도의 숨을 쉬시겠습니까?
당신이 어떻게 행동 할지 알아보는 것도 재미있는 일이겠지요.
만약 예수님께서 친히 오셔서 당신과 며칠 묵으신다면.

MY DAILY PRAYER

Grenville Kleiser

If I can do some good today,
If I can serve along life's way,
If I can something helpful say,
Lord, show me how.

If I can right a human wrong,
If I can help to make one strong,
If I can cheer with smile or song,
Lord, show me how.

If I can aid one in distress,
If I can make a burden less,
If I can spread more happiness,
Lord, show me how.

매일의 기도

그렌빌르 클라이저

오늘 제가 선한 일을 할 수 있다면,
인생의 길에서 남을 섬길 수 있다면,
남에게 무언가 도움이 되는 말을 할 수 있다면,
주여, 저에게 방법을 알려 주소서.

그릇된 길을 가는 이를 바로 잡을 수 있다면,
약한 자를 강하게 할 수 있다면,
미소나 노래로 남을 기운나게 할 수 있다면,
주여, 저에게 방법을 알려 주소서.

절망에 빠진 자를 구할 수 있다면,
무거운 짐진 자의 짐을 덜어 줄 수 있다면,
남에게 행복을 더 많이 나누어 줄 수 있다면,
주여, 저에게 방법을 알려 주소서.

DAILY CREED

Let me be a little kinder,
Let me be a little blinder
To the faults of those about me;
Let me praise a little more;
Let me be, when I am weary,
Just a little bit more cheery;
Let me serve a little better
Those that I am striving for.
Let me be a little braver
When temptation bids me waver,
Let me strive a little harder
To be all that I should be;
Let me be a little meeker
With the brother that is weaker;
Let me think more of my neighbor
And a little less of me.

매일의 신조

제 주위 사람들의 결점에 대하여
조금 만 더 친절하게하소서,
조금 만 더 눈멀게 하소서;
조금 만 더 칭찬하게 하소서,
제가 지칠 때에도
조금 만 더 기운을 내게 하소서;
나를 힘들게 하는 자들을
조금 만 더 섬기게 하소서,
유혹이 나를 흔들 때,
조금 만 더 용감하게 하소서,
주님이 원하는 사람이 되기 위하여
조금 만 더 힘쓰게 하소서,
연약한 형제에게
조금 만 더 온유하게 하소서;
저의 유익을 덜 생각하고,
저의 이웃의 유익을 더 많이 생각하게 하소서.

SEVEN DAFFODILS

Song by Brothers Four

I may not have a mansion I haven`t any land
Not even a paper dollar to crinkle in my hand
But I can show you morning on a thousand hills
And kiss you and give you seven daffodils

I do not have a fortune to buy you pretty things
But I can weave you moon beams for necklaces and rings
And I can show you morning on a thousand hills
And kiss you and give you seven daffodils

Oh, Seven golden daffodils are shining in the sun
To light away to evening when our days is done
And I will give you music and a crust of bread
A pillow of piney boughs to rest your head
A pillow of piney boughs to rest your head

I may not have a mansion.
I haven't any land.
Not even a paper dollar to crinkle in my hand.
But I can show you mornings
on a thousand hills.
And kiss you and give you seven daffodils.

I do not have a fortune to buy you pretty things.
But I can weave you moonbeams
for necklaces and rings.
And I can show you mornings on a thousand hills.
And kiss you and give you seven daffodils.

Seven golden daffodils are shining in the sun
To light our way to evening when our day is done.
And I will give you music and a crust of bread.
A pillow of piny boughs
to rest your head.

일곱 송이 수선화

노래: Brothers Four

나는 저택(邸宅) 한 채 마련할 수 없고, 땅 한 뙈기도 없습니다.
게다가 손에 넣고 부스럭 소리 낼 지폐 한 장 없어요.
허나 나는 그대에게 수많은 언덕 위로 (밝아오는) 아침을 보여드릴 수 있고
그대에게 입맞춤하며 수선화 일곱 송이를 드릴 수 있습니다.

나는 그대에게 이쁜 것들을 사드릴 돈이 없습니다.
하지만 나는 달빛을 엮어서 그대에게 목걸이와 반지를 만들어 드릴 수 있고
수많은 언덕 위로 (밝아오는) 아침을 선사해 드릴 수 있어요.
그리고는 그대에게 입맞춤하고 수선화 일곱 송이를 드릴 수 있어요.
오! 황금빛 찬란한 수선화 일곱 송이가
우리의 날들이 다하는 저녁나절, 빛이 사라질 때까지
태양아래 빛나고 있습니다.

나는 그대에게 음악을 들려주고 빵 한 조각을 건네겠습니다.
그리고 그대의 머리를 편안히 뉘고 쉴 수 있도록 (향기로운 솔 향을 지닌)
소나무로 만든 베개를 드리겠어요.
당신의 머리를 편히 뉘고 쉬게 해드릴 (솔 향을 지닌) 소나무 베개를.

저는 저택도 없고
땅도 없어요.
손 안에 부스럭거리는 종이돈도 없어요.
하지만, 전 천 개의 언덕 위에 있는
아침을 당신께 보여드리고
키스와 일곱 송이 수선화를 드릴 수 있읍니다.

예쁜 걸 살 재산은 없지만
달빛을 엮어
목걸이와 반지를 만들어 드릴 수 있읍니다.
천 개의 언덕 위에 있는 아침을 보여드리고
키스와 일곱 송이 수선화를 드릴 수 있읍니다.

햇빛에 반짝이는 금빛 일곱 송이 수선화는
하루 일과를 마친 우리의 저녁 길을 밝혀 줄 거예요.
전 당신께 음악과 한 조각 빵과
당신을 편히 쉬게 해 줄
하나의 솔가지 베개를 드릴 거예요.

MORNING SOLITUDE

                              Thomas C. Duck

My favorite time of every day
is in the morning when I pray.

Just me and God, all alone.
I bare my soul before His throne.

I bring Him my burdens, and all my concerns.
When I can't express it, His Spirit discerns.

He gives back a peace beyond understanding.
Like a parachute gives a soft gentle landing.

So when life is a free fall that's out of control,
Make solitude with Jesus your primary goal.

And when everything seems to be going okay,
Still get with God alone every day.

For life is a series of trial after trial,
And strength comes daily, alone with God for awhile.

고적한 아침 시간

토마스 덕

내가 가장 좋아하는 시간은
아침에 기도하는 시간.

나와 하나님, 단 둘이
내 영혼 그의 보좌 앞에 토로하는 시간.

무거운 짐, 모든 염려 그분께 맡기면
나는 헤아릴 수 없어도 그의 영은 분별하시네.

이해 할 수 없는 평안으로 내게 갚으시네,
마치 낙하산으로 사뿐히 땅에 내려앉듯이.

인생이 걷잡을 수 없이 무너져 내릴 때,
예수님과 홀로 하는 시간을 우선으로 삼으시오.

모든 일 순탄하게 되어갈 때에도,
날마다 하나님과 홀로 하는 시간을 가지시오.

인생은 시련의 연속,
하나님과 잠시 함께하면 날마다 힘이 생겨난다오.

LIFE

Robert A. J. Cook

I may never gain this earth's wealth,
Nor have men know my name.
I may never do great deeds,
That would win for me, world wide acclaim.

And I may never ever gain men's ears,
To listen to what I have to say,
But I can live a life that tells those around,
The Master passed this way.

You see He created this whole universe,
The earth, the sky, the sea.
With a plan He created each living thing,
And He knows what's best for me.

So if I never get to be,
A voice to the earthly hosts,
I can still take great joy in being,
One of His sign posts.

인생

로버트 A. J. 쿡

나는 결코 이 땅의 재물을 모으지 못하고,
사람들이 나의 이름을 알지 못할 수도 있으리라.
나는 위대한 일을 하지 못하고,
세상 사람들의 갈채도 받지 못할 수도 있으리라.

나는 사람들의 이목을 끌지 못하고,
내가 하는 말을 아무도 귀 기울이지 않을 수도 있으리라.
하지만 나 주위 사람들에게 말할 수 있는 한 인생을 살 수 있으리라.
주님이 걸어가신 인생 길.

그는 이 전체 우주를 창조하셨네,
지구와 하늘과 바다를.
각 생물을 창조하실 계획을 세우셨고,
나에게 최선의 것이 무엇인지를 아셨네.

비록 내가 이 땅에서,
큰 목소리 내지 못한다 할지라도,
나, 주님의 이정표가 되었으니
여전히 큰 기쁨 누릴 수 있네.

GOD'S TIMING

Michelle S. Lowndes

The vision that God has given
And the things that He has planned
May not happen right away
Or in ways that we understand

For often God's preparing us
For when that day arrives
When we will see the outworking
Of God's vision in our lives

Though it tarries, wait for it
For it will surely come
God's timing never comes too late
He'll accomplish what He's begun

God is never slow to act
He will surely bring it to pass
We need not be anxious and despair
But have peace within our hearts

For when it comes we'll be released
Into what the Lord's prepared
So we will fulfill all that He's planned
As we are being gently led.

하나님의 때

미쉘르 에스 로운더스

하나님이 주신 비전과
그가 계획하신 일들이
지금 당장 이루어 지지 않거나
우리가 원하지 않는 방향으로 이루어질지도 모른다.

하나님이 우리를 준비시키시는 까닭은
그날이 오면
우리의 삶에서 하나님의 비전이
이루어지는 광경을 보여주기 위함이리라.

비록 우리의 비전이 지연되더라도, 기다리게나
언젠가 분명히 이루어지리니
하나님의 때는 결코 늦는 법 없으니
시작하신 일을 반드시 이루시리라.

하나님은 결코 느리신 분이 아니시며
반드시 승리의 날 주리니
염려하거나 절망하지 말고
우리의 마음속에 평안을 가지세

그 날이 오면 우리들은
하나님이 예비하신 대로 이끌리어
하나님의 부드러운 손길로 인도하심을 따라
그가 계획하신 모든 것 이루리.

GOD SAVE THE FLAG

Oliver Wendell Holmes

Washed in the blood of the brave and the blooming,
Snatched from the altars of insolent foes,
Burning with star-fires, but never consuming,
Flash its broad ribbons of lily and rose.

Vainly the prophets of Baal would rend it,
Vainly his worshippers pray for its fall;
Thousands have died for it, millions defend it,
Emblem of justice and mercy to all;

Justice that reddens the sky with her terrors,
Mercy that comes with her white-handed train,
Soothing all passions, redeeming all errors,
Sheathing the sabre and breaking the chain.

Borne on the deluge of all usurpations,
Drifted our Ark o'er the desolate seas,
Bearing the rainbow of hope to the nations,
Torn from the storm-cloud and flung to the breeze!

God bless the Flag and its loyal defenders,
While its broad folds o'er the battle-field wave,
Till the dim star-wreath rekindle its splendors,
Washed from its stains in the blood of the brave!

하나님이여 그 깃발을 구하소서

올리버 웬델 홈즈

용맹한 자와 젊은 자들의 피에 씻기고,
거만한 원수의 재단에서 볼모가 되어,
별과 함께 타올라, 영원히 꺼지지 않고,
백합과 장미의 널따란 리본을 비추인다.

바알의 선지자들이 그 깃발을 쥐어뜯지만 헛수고 일세,
바알의 숭배자들이 깃발이 떨어지도록 기도하지만 헛수고 일세;
수천 명이 죽었지만, 수백만 명이 방어하네,
모든 인류의 정의와 자비의 문장인 그 깃발을;

공포심으로 하늘을 붉게 물들인 정의,
결백한 기차를 타고 오는 자비,
모든 고통 가라앉히고, 모든 실수 속량하고,
기병도를 꽂고, 사슬을 깨뜨리네.

모든 것 앗아간 대 홍수 견뎌내고,
황량한 바다위에 표류하던 방주,
만민들에게 소망의 무지개 나타내고,
폭풍 구름에 찢겨진 채 미풍에도 나부낀다!

하나님이여 그 깃발을 축복하소서, 충성스러운 방어자들을,
그 깃발 전쟁터에서 광활하게 펄럭일 때,
소용돌이치는 희미한 별빛이 그 장려함을 회복할 때 까지,
용맹스런 자들의 피 자국에 씻기어라!

IMMORTALITY

Matthew Arnold

Foil'd by our fellow-men, depress'd, outworn,
We leave the brutal world to take its way,
And, Patience! in another life, we say
The world shall be thrust down, and we up-borne.

And will not, then, the immortal armies scorn
The world's poor, routed leavings? or will they,
Who fail'd under the heat of this life's day,
Support the fervours of the heavenly morn?

No, no! the energy of life may be
Kept on after the grave, but not begun;
And he who flagg'd not in the earthly strife,

From strength to strength advancing only he,
His soul well-knit, and all his battles won,
Mounts, and that hardly, to eternal life.

불멸

매튜 아놀드

믿었던 친구들에게 배신당하여, 실망하고, 만신창이가 되어,
포악한 이 세상을 떠나 그 길을 간다네,
그리고 인내하리! 저 세상에서 우리는 말하리
세상은 멸망하고 우리는 번창할 거라고.

그때, 불멸의 군대는 이 세상에 남겨둔 하찮은 것들을
경멸하지 않을까? 아니면,
이생의 한낮 열기 아래 시들어 버린 그들은,
천국의 아침을 사모할까?

아닐세, 아닐세! 삶의 힘은 아마도 시작이 아니라
죽음 뒤에도 지속되리;
그런데 그는 이 땅의 투쟁에서 승리하지 못하였네,

힘을 내어 앞으로 조금씩 나아가는 그는 단지,
튼튼하게 짜여진 영혼으로 모든 싸움 승리하여,
영원한 삶을 향하여 힘차게 올라가리라.

JERUSALEM

William Blake

And did those feet in ancient time
Walk upon England's mountains green?
And was the holy Lamb of God
On England's pleasant pastures seen?

And did the Countenance Divine
Shine forth upon our clouded hills?
And was Jerusalem builded here
Among these dark satanic mills?

Bring me my bow of burning gold!
Bring me my arrows of desire!
Bring me my spear! O clouds, unfold!
Bring me my chariot of fire!

I will not cease from mental fight,
Nor shall my sword sleep in my hand,
Till we have built Jerusalem
In England's green and pleasant land.

예루살렘

월리암 블레이크

그리고 저 사람들은 옛 시절에
영국의 푸른 산위를 걸었을까?
하나님의 거룩한 어린양이
영국의 즐거운 들판에서 풀을 먹었을까?

하나님의 얼굴이
구름 낀 언덕위에 비춰셨을까?
이 암흑 같은 이곳 사단이 우글대는 곳에
예루살렘 성이 건설 되었을까?

나에게 불타는 황금 활을 다오!
나에게 욕망의 화살을 다오!
나에게 방패를 다오! 오 구름이여, 펼쳐라!
나에게 불 수레를 다오!

나는 정신적 싸움을 멈추지 않으리,
나의 검이 내 손에서 잠자지 않으리,
우리가 예루살렘 성을 건설하기 까지는
푸른 영국에서 행복한 대지에서.

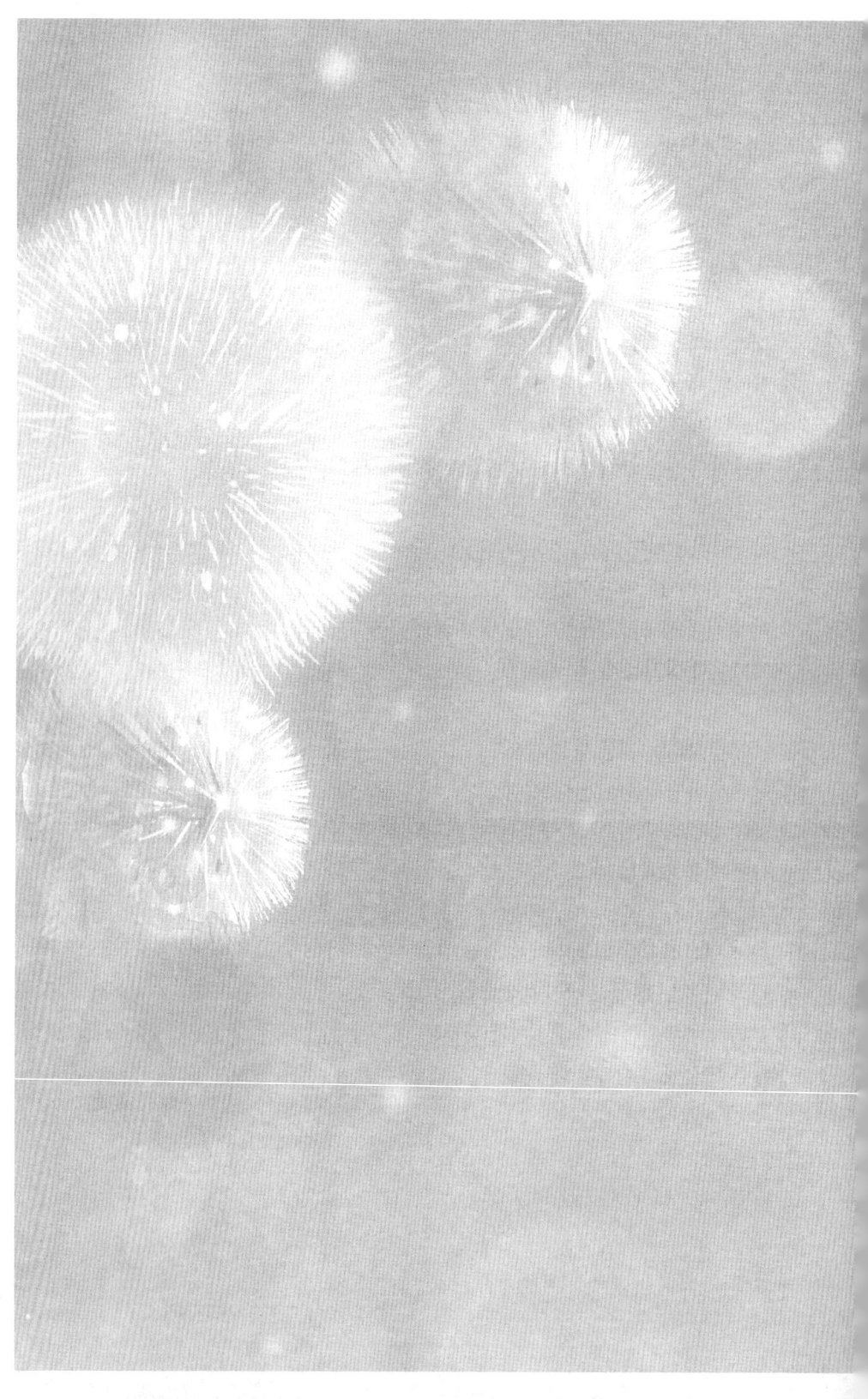

PART 7

응답
감사
인내
의지

I SAID A PRAYER

Nancy Burr

I said a prayer for you my friend,
That your struggles would soon end.

That you would feel God's peace with you,
As you trust Him each day through.

I prayed that you would feel His love,
Rain down on you from up above.

I asked Him to take care of you,
Fill you with joy and laughter too.

I prayed that He would let you know,
That He will never let you go.

That He's pour blessings down on you,
And make your grey skies turn to blue.

I prayed that God would give you rest,
And that He's answer your request.

I asked the Lord to touch your soul,
Fill you with hope and make you whole.

My friend I prayed that you would feel,
His gentle touch reach down and heal.

I said a prayer for you my friend,
My best wishes to you I send.

그대 위해 기도하였으니

낸시 버어

친구여 그대를 위해 기도하였으니,
그대의 고통 곧 끝나리.

그대에게 하나님의 평안이 느껴지리니
날마다 그를 믿고 나아가게나.

친구여 그대를 위해 기도하였으니,
하나님의 사랑이 하늘로부터 그대 위에 비같이 내리리.

하나님께 그대를 보살펴 달라고 구하였으니,
그대에게 기쁨과 웃음이 가득하리.

하나님께 그대를 위해 기도하였으니,
하나님이 결코 그대를 버리지 않으리.

하나님께서 그대에게 복을 내리시리,
그대의 회색 하늘을 푸르게 해 줄 것이네.

그대를 위하여 기도하였으니, 그대에게 안식을 주시리
그대의 요구에 응답하시리.

주님께 그대의 영혼을 만져달라고 구하였으니
그대에게 소망으로 가득 채워 그대를 온전케 하시리

친구여 내 그대 위하여 기도하였으니
하나님의 부드러운 만짐이 그대를 치유하리라.

친구여 내 그대 위해 기도하였으니,
내 그대에게 최고의 안부를 전하노라.

TAKE THE GIFT

                                        Jay W. Mayes

When I was a child,
Growing up in the church.
Doing my best to please Him,
To earn my worth.

Thank you God for grace,
When I fall on my face.
I can hear you whisper,
Get back in the race.

There are so many Christians,
Trying to follow law after law.
Satan delights in this state of mind,
Knowing that we would fall.

We can learn from the apostle Paul,
Salvation is not in the law.
It is allowing Christ to work through me,
Leading me to eternity.

Thank you God for grace,
One day I'll see your face
And feel your embrace.
Thank you, God!
Thank you, God!
Thank you, God!

선물

재이 W 메이즈

제가 어렸을 때,
교회에서 자라며,
온 마음을 다해 하나님을 기쁘시게 하여
하나님의 인정을 받았습니다.

제가 머리를 숙일 때 마다
하나님의 은혜 감사하지요.
하나님의 속삭이는 음성 들을 수 있습니다.
삶의 경주로 돌아가거라.

수많은 성도들이 있어
율법을 지키려 애쓰고 있습니다.
그러나 우리가 넘어질 것을 알고
사단은 이러한 성도의 마음속에서 기뻐 날뛰고 있습니다.

구원은 율법에 있지 아니하다는 진리를
사도 바울에게서 배웁니다.
그리스도가 내 속에서 역사하시며
저를 영원한 세계로 인도하십니다.

하나님 은혜를 감사합니다,
언젠가 주의 얼굴 뵈올 때
저를 감싸 안으시리.
하나님, 고맙습니다!
하나님, 고맙습니다!
하나님, 고맙습니다!

I DO GIVE THANKS ...

For every hill I've had to climb,
For every stone that bruised my feet,
For all the blood and sweat and grime,
For blinding storms and burning heat
My heart sings but a grateful song --
These were the things that made me strong!

For all the heartaches and the tears,
For all the anguish and the pain,
For gloomy days and fruitless years,
And for the hopes that lived in vain,
I do give thanks, for now I know
These were the things that helped me grow!

'Tis not the softer things of life
Which stimulate one's will to strive;
But bleak adversity and strife
Do most to keep one's will alive,
O'er rose-strewn paths the weaklings creep,
But brave hearts dare to climb the steep.

역경 속의 감사

저에게 넘어야 할 산을 주심을,
저에게 발을 상하게 하는 돌을 주심을,
저에게 그 많은 피와 수고의 땀을 흘리게 하심을,
저에게 거친 폭풍을 주시고 타오르는 열을 주심을,
제 심령이 오직 감사의 노래를 부릅니다.

그 많은 번민과 눈물 주심을,
그 많은 고뇌와 고통 주심을,
그 많은 헛된 희망 주심을,
진심으로 감사를 드립니다. 이제 제가 깨달은 것은
이런 것을 주심으로 제가 성숙하게 되었다는 사실입니다.

삶의 투쟁에서 이길 수 있는 의지력을 주심은
생의 평탄한 것들을 통해서가 아닙니다;
오히려 매서운 역경과 투쟁을 통해서
의지가 살아 움직일 수 있습니다.
장미가 만발한 오솔길에 연약한 꽃도 자라듯,
담대한 심령으로 가파른 인생의 비탈길을 오르게 하여 주시옵소서.

THANK YOU, FATHER

Janice Hingley

Thank you Father, for all the earth,
I thank you for creation's birth.
I thank you for the flowers growing,
Naively living in their knowing,
 'Twas for your pleasure all were made,
When we shall rise up from the grave,
When we shall have a life complete,
When face to face we all shall meet,
To live with you in timeless love,
Revealed to us, in the Spirit Dove.

아버지 감사합니다

재니스 힝글레이

아버지 이 온 땅을 주시니 감사합니다,
피조물의 탄생을 주시니 감사합니다.
꽃들로 자라게 하시고,
의식 속에서 청순하게 살게 하심을 감사합니다,
기쁨으로 만물을 창조하셨습니다.
우리가 무덤에서 일어날 때,
우리가 완전한 생명을 지닐 때,
우리가 서로의 얼굴을 대면 할 때,
영원한 사랑 가운데 당신과 함께 살아가리,
성령의 비둘기로 우리에게 나타나소서.

PERSEVERE

Grace Mann

Does the way seem long and dreary,
And your goal too far away?
Do you falter and grow weary
With the cares that press each day?

Does the burden that you carry
Seem an endless load of pain?
Are you tempted oft to tarry,
Ne'er to lift the cross again?
Don't despair; the way will brighten;
Arm yourself with strength anew;
Prayer will help the load to lighten;
Faith and hope will strengthen, too.

Keep in mind the thought so cheering,
Those who persevere will win!
Soon you'll have the joy of hearing,
"Faithful servant, enter in."

오래 참으라

그레이스 만

그대 갈 길이 멀고 거칠며
아직 닿아야 할 목적지는 너무 멀어 보이는가?
넘어지려 하고 기력은 점점 약하여 지고
날마다 근심이 짓누르는가?

그대가 짊어진 짐이
끝없이 무거운 고통의 짐인가?
멈추고 싶은 유혹을 느끼며
다시는 십자가를 지지 않으려 하는가?

절망하지 말게나; 그대의 앞길이 밝아 질 테니;
새로운 힘으로 무장하게나;
기도로 그대 진 짐을 가볍게 하게나;
믿음과 소망도 그대에게 힘을 줄걸세.

마음속에 담대한 생각을 가지세,
견디는 자가 승리하리!
머잖아 그대에게 "충성된 종아, 어서 오게나."
라고 말하는 소리 들으리.

DON'T GIVE UP!

Amanda O'Connor

Terrible sins come and go
But God will always love you so
Put your trust in Jesus Christ
And you will live a wonderful life

When things are at a terrible height
Don't give up without a fight
God will be there to hold your hand
And carry you across all lands

Lay down your life at the feet of the Lord
And you will feel as if you've soared
Let the Holy Spirit flow through you
And you'll live a life completely new
- A life of beauty and of grace
And a bright new life you will face

포기 하지 마세요

아만다 오코너

무서운 죄가 당신의 심령 속에 들어오지만
하나님은 여전히 당신을 사랑한다오
예수 그리스도를 믿으십시오
그리하면 멋진 인생을 살게 될 것이오.

일이 엉망진창으로 변했을 때
노력도 해보지 않고 단념하지 마십시오
하나님께서 함께 하시며 그대 손을 잡아 줄테니깐요
그리고 온 땅을 그대를 업고 지날 것입니다.

그대의 삶을 주님의 발아래 내려놓으십시오
그리고 나면 마치 하늘을 솟아오르는 듯한 기분을 맛볼 것입니다
성령이 그대의 전신을 흘러내릴 것입니다
그리고 그대의 삶이 온전히 새롭게 될 것입니다
- 아름답고 은혜로운 삶으로
밝고 새로운 삶을 맞이할 것입니다.

IN HIS CARE

Steven Hanna

I don't know why this happened
Some things I can't explain
But all I know, is God is love
And He will soothe your pain.

All we can see is 'here and now'
But Jesus knows what's best
And He is waiting for your hand
He'll put your mind at rest.

I know the Lord is faithful
His love, it will not end
And He will bring your heart a peace
For He is your best friend.

And so, in Him, you can confide
He's waiting for your prayer
To draw you closely to His side
And keep you in His care.

그의 돌보심 가운데

스티븐 한나

왜 이런 일이 저에게 일어나는지 이유를 모르겠습니다.
어떤 일들은 제가 설명할 수 없습니다.
하지만 제가 아는 것은 단지 하나님은 사랑이며
우리의 고통을 덜어주실 분이라는 사실입니다.

우리에게 보이는 것은 오직 '여기 지금' 입니다.
하지만 예수님은 최선의 것이 무엇인지 아시고
당신이 손을 내밀어주기를 기다립니다.
그가 당신의 마음에 안식을 주실 것입니다.

주님은 신실하신 분입니다
그의 사랑은 끝이 없습니다.
당신의 마음에 평안을 가져다 줄 것입니다.
그분은 당신의 가장 친한 친구이시니.

그러므로 당신은 그분을 신뢰할 수 있습니다.
그분은 당신의 기도를 기다리고 계십니다.
당신을 그분 곁으로 이끄사
당신을 보호하여 주십니다.

PROVIDENCE

Richard Hassefras

When I ask and I pray
And it does not go my may
I begin to doubt you are near

So I try to outdo you
In the things I pursue
And I end up alone in my fear

God of creation, you like to surprise me
With the gifts you conceal till the day

Through no foresight of mine
But in your perfect time
You grant me my needs in your way.

섭리

리차드 하세프라스

제가 간구하며 기도할 지라도
제 뜻대로 이루어 지지 않으면
하나님이 제 곁에 계시는지 의심하게 되지요.

그래서 저는 당신을 앞질러
제가 추구하는 일을 하려고 하지요.
그리곤 혼자서 두려움에 휩싸이지요.

창조의 하나님, 당신은 선물을 감추어 두셨다가
때가 되면 저를 놀라게 해 주십니다.

제게는 미리 보여주시지 않으시고
당신의 온전하신 때에
하나님의 방법으로 저의 필요를 채워주시나이다.

IT'S IN THE VALLEY I GROW

Sometimes life seems hard to bear. Full of sorrow, trouble and woe
It's then I have to remember, That it's in the valleys I grow

If I always stayed on the mountain top. And never experienced pain,
I would never appreciate God's love. And would be living in vain.

I have so much to learn, And my growth is very slow,
Sometimes I need the mountain tops, But it's in the valleys I grow.

I do not always understand Why things happen as they do,
But I am very sure of one thing. My Lord will see me through.

My little valleys are nothing When I picture Christ on the cross
He went through the valley of death; His victory was Satan's loss.

Forgive me Lord, for complaining, When I'm feeling so very low,
Just give me a gentle reminder, That it's in the valleys I grow.

Continue to strengthen me, Lord, And use my life each day
To share your love with others, And help them find their way.

Thank you for valleys, Lord, For this one thing I know
The mountain tops are glorious, But it's in the valleys I grow.

성장하는 곳은 골짜기라네

때론 삶이 슬픔, 고통, 근심으로 가득 차서 견디기 힘들지라도
그때 마다 내가 성장하는 곳은 깊은 골짜기임을 기억해야 한다네

내가 만약 산 정상에만 머물러 있다면 그리고 한 번도 고통을 경험하지 못한다면,
나는 결코 하나님의 사랑을 깨닫지 못 하리. 그리고 내 인생 헛된 삶이 되리라.

나는 아직 배울 것이 많고 그리 빨리 성장하지도 않지만
가끔 산 정상에 오르고 싶지만 내가 성장하는 곳은 깊은 골짜기라네.

왜 이런 일이 내게 일어나는지 난 이해 할 수 없지만,
한 가지 분명한 것은 나의 주님께서 언제나 나를 지켜보리라.

십자가에 돌아가신 그리스도를 그려볼 때 나를 에워싼 골짜기는 아무것도 아닐세
주님은 사망의 골짜기를 지나셨지만 승리하므로 사단을 이기셨지.

주여, 내 마음 울적할 때 마다 불평함을 용서 하소서,
그때 마다 내가 성장하는 곳은 깊은 골짜기임을 상기시켜 주소서.

주여, 제게 능력 주셔서 날마다 저를 사용하여 주소서
당신의 사랑을 다른 이 들과 나누게 하셔서 그들이 올바른 길로 가게 하여 주소서.

주여, 제게 골짜기를 주셔서 고맙습니다. 제가 깨달은 한 가지 사실은
제가 성장하는 곳은 영광스러운 산 정상이 아니라 깊은 골짜기 인 것을.

DON'T QUIT

When things go wrong as they sometimes will;
When the road you're trudging seems all uphill;
When the funds are low, and the debts are high;
And you want to smile, but you have to sigh;
When care is pressing you down a bit -
Rest if you must, but don't you quit.

Success is failure turned inside out;
The silver tint of the clouds of doubt;
And you can never tell how close you are;
It may be near when it seems afar.
So, stick to the fight when you're hardest hit -
It's when things go wrong that you mustn't quit.

중단 하지 마시오

가끔 그렇듯 일이 잘 못되어 갈 때;
당신이 터덜터덜 걸어가는 길이 온통 오르막일 때;
형편은 어려운데 부채는 늘어만 갈 때;
웃고 싶지만 한숨만 나올 때;
근심이 조금씩 우리를 짓누를 때;
마땅히 쉬어야하겠지만, 중단하지 마시오.

성공은 실패가 안에서 밖으로 나오는 것;
의심의 은빛 구름 조각처럼;
그래서 성공에 얼마나 가까이 가 있는 가를 알 수 없으리;
정작 멀리 있어 보일 때 가까이 있는 법.
그러므로 가장 세게 얻어맞았을 때 싸움에 전력투구하라 -
일이 잘 못되어 갈 때 중단하지 마시오.

THE WIND'S NOT ALWAYS AT OUR BACK

The wind's not always at our back,
The sky is not always blue.
Sometimes we crave the things we lack,
And don't know what to do.

Sometimes life's an uphill ride,
With mountains we must climb.
At times the river's deep and wide,
And crossing takes some time.

No one said that life is easy,
There are no guarantees.
So trust the Lord continually,
On calm or stormy seas.

The challenges we face today,
Prepares us for tomorrow.
For faith takes our fears away,
And peace replaces sorrow.

언제나 순풍만이 있는 것 아니라오

우리 인생에 언제나 순풍이 불어오지는 않는다오,
우리 인생의 하늘이 언제나 푸르지만은 않다오.
때론 우리에게 없는 것 찾으며,
어찌 할 바를 알지 못할 때가 있다오.

때론 인생이 오르막길을 오르기도 하고,
가파른 산을 오르기도 한다오.
깊고 넓은 강을 건너기도 하므로,
오랜 시간이 걸리기도 한다오.

인생이 수월하다고 말한 사람은 아무도 없소,
어떤 보장도 없다오.
그러니 쉬임없이 주님을 의지하시오,
삶의 바다가 잔잔하든지 흉흉하든지.

오늘 우리가 당하는 도전으로,
내일을 준비합시다.
주를 믿으면 온갖 두려움 사라지고
슬픔 대신 평화가 찾아온다오.

PART **8**

회개
믿음
전도
목회자
봉사
결혼
창조/자연

ONE MORE SPIRIT MENDED

Geri Leche

Most of my life I live in vain -
I reach out for things I do not have
I elevate them, bits and pieces
but it's these things I don't obtain;
these ordinary times I take for granted each day,
I felt it was simply easier to live my life that way;
I continued with emotional guilt hidden in my heart
I buried the frustration and the pain I caused in my life;
Can't say why I function like this -
perhaps I stopped thinking that God set me apart;
I should have known He'd seen my quiet tears
and now I know He feels my silent fears;
But it's when I saw His arms spread for me
and the burdens that I've put upon His shoulders -
I think that's when I could say I fully understood
that His love for me has transcended
and Heaven rejoices - one more spirit mended.

또 한명의 영혼이 회개 하면

게리 레쉬

내 인생의 대부분을 헛되이 살았지요 -
내게 없는 것 잡으려고 손을 뻗고
한줌씩, 한 조각씩 쌓았답니다.
하지만 얻지 못한 것 있다오;
날마다 당연히 여기는 평범한 것들,
그렇게 사는 것이 편하게 사는 것이라 여겼지요;
하지만 내 마음 한 곳에 죄책감이 숨겨져 있었다오.
내 인생의 좌절감과 고통을 묻어두었다오.
왜 그렇게 되었는지 이유를 알 수 없어요 -
아마도 하나님께서 나를 구별되이 하셨다는 생각을 못한 때문이겠지요;
하나님이 조용히 흘리는 나의 눈물을 보고 계신다는 사실을 내가 깨달지 못했다오.
이제 그가 나의 말없이 흘리는 눈물을 느끼신다는 사실을;
그의 팔로 나를 감싸는 모습,
그리고 나의 무거운 짐을 그의 어깨에 짊어지시는 모습을 본 후에야 알게 되었다오. -
그것은 바로 나를 향한 그의 사랑이 넘쳐흐름을 깨달았을 때
또 한명의 영혼이 회개하고 돌아왔을 때 하늘이 즐거워 한다는 사실을 깨달았을 때였지요.

FAITH TO MOVE MOUNTAINS

Sharon Lambkin

Faith can move mountains,
no matter how steep.
Faith can calm troubled souls,
no matter how deep.

Mountains are whatever
is bothering you.
Mountains are whatever
makes you blue.

Check out a mountain
and see what it's made of.
The mystery of your problems
this will solve

A mountain is made up of
one small grain at a time.
Your mountains are made up
with just the same kind.

The smallest problem
that bothers you the least
is the one that you quickly
bring down to defeat.

Each problem you do away with
brings this mountain down to size.
Mountains of problems
are satan's masterpiece of disguise.

Faith is reaching out to God
and knowing He is near.
Faith is holding on to God
and let Him wipe away every fear.

산을 옮길 만한 믿음

샤론 램킨

믿음은 산을 옮길 수 있다오,
아무리 가파른 산이라도.
믿음은 고뇌하는 영혼을 달랠 수 있다오,
아무리 깊은 고뇌라도

(여기서 일컫는) 산은
우리를 괴롭히는 모든 것이라오.
(여기서 일컫는) 산은
우리를 슬프게 하는 모든 것이라오.

산을 가만히 보고
무엇으로 만들어 졌나를 보시오.
당신이 처한 문제의 비밀을
이렇게 해결 할 수 있을 것이오.

산은 한 개의
작은 알갱이로 되어 있지요.
당신의 산도
이와 같이 만들 져 있다오.

당신의 신경을 건드리는
사소한 문제라도
당신이
쉽게 이길 수 있어요.

당신이 모든 문제를 물리칠 때 마다
이 산은 점점 작아진다오.
문제의 산들은
사탄의 교묘한 작품 이라오.

믿음은 하나님을 향하여 팔을 뻗는 것이라오.
그리고 그분이 가까이 계신다는 것을 아는 것이라오.
믿음은 하나님께 매달리는 것이라오.
그리고 모든 두려움을 하나님께 맡기는 것이라오.

EVERYTHING

As I awoke to the beginning of a brand new day,
It seemed like waves of trials kept coming my way.
Problem after problem was all I could see,
I cried out, "Lord, what is it you want from me?"

The answer that came from the One Most High,
Was nothing but a very simple reply,
It was one unexpected, but yet rang so true,
It's something He desires from me and from you.

He said, "EVERYTHING"

I want you to know Me as your Savior and Guide,
The One who will always be right there at your side.
I want you to serve Me through the good times and bad,
To sing praises to My Name whether you're happy or sad.

I want your faith to grow stronger as each day goes by,
To trust Me when there's no answers to your questions of "Why?"
To learn of My love and to feel My embrace,
When you're called to endure the hardships you face.

I want no one or nothing to take My place in your heart,
In whatever you should do, I want to take part.
Stand on My promises, let nothing cause you doubt,
In the end you will see that all things will work out.

So you see, My dear child, I want to be your all in all,
To depend on My presence when you stand or when you fall,
When you question just what is it that I want from thee?
My answer is EVERYTHING, as you are EVERYTHING to Me.

모든 것

새로운 하루가 시작되어 잠에서 깨어날 때,
시련이 파도처럼 제 삶에 밀려오는 듯합니다.
제 눈에는 겹겹이 쌓인 문제만 보였습니다.
저는 소리 쳤습니다. "주여, 제게서 무엇을 원하시나이까?"

지존하신 그 분으로부터 온 대답은,
아주 간단한 답이었습니다,
예상치 못한, 그러나 진실한 대답이었습니다.
그 분이 나와 당신으로부터 듣고 싶은 답이었다오.

그 분이 말씀 하셨습니다. "모든 것"

내가 너의 구세주며 인도자,
언제나 네 편에 있는 자임을 알기를 원한다.
기쁠 때나 슬플 때나 나를 섬기기를 원한다,
네가 행복할 때나 불행할 때나 내 성호를 찬양하기를 원한다.

하루하루 지날 때 마다 너의 믿음이 더욱 두터워 지기를 원한다.
"왜" 이런 일이 일어나는지를 모를 때에도 나를 믿기를 원한다.
네가 당한 고난을 참아야 할 때에도,
나의 사랑을 배우고 나의 보살핌을 느끼기를 원한다.

너의 마음 가운데 아무도 아무것도 나를 대신하지 않기를 원한다.
네가 무엇을 하든지 내가 참여하기를 원한다.
내가 한 약속에 굳게 서라, 전혀 의심하지 말고,
결국 모든 일이 형통하게 됨을 볼 것이라.

내 사랑하는 아이야, 나는 네게 모든 것 되기를 원하노라,
네가 서 있든지 넘어지든지 나의 임재를 의지하기를 원하노라.
내가 네게서 원하는 것이 무엇인지 알고 싶다면,
내 대답은 모든 것이란다, 이는 네가 나에게 모든 것인 것처럼.

FAITH, HOPE & LOVE

Eleanor Bell

Faith is the confidence that we have within
The knowing and believing in Almighty Him
With our trust comes peace as a guiding light
Brings with it joy and a sense of right

Hope is our desire to grow and to learn
the more we seek, the more we yearn
We realize our purpose, that God has a plan
To bring glory to the great "I AM"

Love is to delight in - it comes abundantly free
An adoration of others, unconditionally
A precious gift it is given from Heaven above
From Jesus our Saviour ... our God of Love

믿음, 소망 그리고 사랑

엘리너 벨

믿음은 우리의 내면에 소유한 확신
전능하신 그분을 알고 믿는 것
믿음과 함께 평강이 찾아온다.
기쁨과 의의 감정이 찾아온다.

소망은 우리가 자라고 배우기를 원하는 것
인간은 찾으면 찾을수록, 더 많은 것을 염원한다.
우리의 목적은 위대하신 '자존자' 께 영광을 돌리게하는
하나님의 계획을 깨닫는 것이다.

사랑은 환희에 젖어 풍성히 온다.
다른 사람들을 무조건 사랑하는 것
위로 하늘로부터, 우리 구주 예수님께로부터 …
사랑의 하나님께로부터 주어지는 값진 선물

FEED MY SHEEP

                              Jackie, from Florida

A small voice in the dark
Whispering to an open heart
My child, My child, listen to Me
And the words to you I speak
My child, My child, feed My sheep

Though I tried to ignore it
The voice wouldn't go away
My child, My child
What are you waiting for
My child, My child, feed My sheep

What do I have to give, I cried
To those who are hungry and lost
To those who stand in the dark
What can I feed Your sheep
Master, Master, I did cry

What do I have to give, I asked
Those who know sorrow and despair
Those who know no hope or love
What can I feed Your sheep
Master, Master, I ask You

Gather together within My fold
My sheep who are hungry and lost
My sheep who are standing in the dark
And with the Bread of Life I give
My child, My child, feed My sheep

Hear My voice upon your heart
Listen closely to what I say
As I fed you with My words
And also with My love and grace, so shall you
My child, My child, feed My sheep

내 양을 먹이라

잭키

어둠속에서 작은 음성이
열린 심령에 속삭인다
내 아이야, 내 아이야, 내 말을 경청하라
내가 너에게 말하노니
내 아이야, 내 아이야, 내 양을 먹이라

그 음성을 무시하려 했지만
사라지지 않네
내 아이야, 내 아이야
무얼 망설이느냐
내 아이야, 내 아이야, 내 양을 먹이라

제가 무엇을 드리리이까, 하고 소리쳤네.
굶주리고 길 잃은 자들에게
어두움에 서 있는 자들에게
당신의 어린양들에게 무엇을 먹이리이까?
주인이여, 주인이여, 나는 절규했네.

제가 무엇을 드리리이까, 하고 여쭈었네.
슬픔과 절망을 당한 자들에게
소망과 사랑이 없는 자들에게
당신의 어린양들에게 무엇을 먹이리이까?
주인이여, 주인이여, 당신께 묻습니다.

내 우리 안에 모여라
굶주리고 길 잃은 자들이여
어두움에 서 있는 자들이여
내가 생명의 떡을 주리니
내 아이야, 내 아이야, 내 양을 먹이라

너의 심령에 내 음성을 들어라
내가 하는 말에 자세히 귀를 기울이라
내 말씀으로 너를 먹인 것 같이
나의 사랑과 은혜로
내 아이야, 내 아이야 내 양을 먹이라

A PASTOR'S HEART

Deanna Malawy

A pastor's heart is protective
and guards his flock from Satan's snares.
A pastor's heart is attentive
and seeks to know his people's cares.
A pastor's heart is sacrificial
and for his sheep will give its all.
A pastor's heart is tender
and listens to the Spirit's call.
A pastor's heart is obedient
and heeds the Master's commands.
A pastor's heart is reflective
and considers he is but a man.

목회자의 마음

디나 맬라위

목회자의 마음은 보호하는 마음입니다.
그래서 양떼들을 사단의 올무에서 보호해 줍니다.
목회자의 마음은 관심을 기울이는 마음입니다
그래서 자기 백성들의 근심을 알고자 애씁니다.
목회자의 마음은 희생하는 마음입니다
그래서 자기 양을 위하여 모든 것을 바칩니다.
목회자의 마음은 민감한 마음입니다
그래서 성령의 부르심에 귀를 기울입니다.
목회자의 마음은 순종하는 마음입니다
그래서 주인의 명령에 주목 합니다.
목회자의 마음은 자성(自省)하는 마음입니다
그래서 그 자신도 한 낱 인간에 불과하다고 여깁니다.

ANSWERED PRAYER

Reverend Butch Nichols

I was sitting quietly the other night, reading in God's word
He let me look back over my life before I knew the Lord
He let me see some things I'd said, and some things I had done
That had hurt the ones I dearly love, and how I'd done them wrong.
I saw the tears in my children's eyes when I didn't have time for them
I saw the hurt in my loving wife's eyes, for she knew the things I had done
And some places I had been
He let me see my mother silently praying for me
that I would come to know the Lord, that He would save my soul and set me free
He let me see, that before mom died, she had one last request
To see her children go to church, she knew God would do the rest
Momma's there with Jesus now but I know some how she sees
Her prayers have been answered now, for He saved my soul and set me free
I live my life for Jesus now and O the joy it brings,
To see my wife and children smile and the praises that they sing
I give God all the glory and the praises go to Him
For if His Son had not had died I'd not be freed from sin
So if you'r in a valley and you cannot find the way
Just call upon the name of the Lord, for He hears you when you pray

응답 받은 기도

부치 니콜스 목사

어느 날 밤 조용히 앉아 하나님의 말씀을 묵상하고 있었다.
하나님은 내가 주님을 알기전의 삶을 뒤돌아보게 하셨다.
내가 말 한 것과 내가 한 일을 보여 주셨다.
내가 사랑하던 이들에게 상처를 주었던 일, 내가 그들에게 했던 짓궂은 일들을 보여주셨다.
내가 아이들과 놀아 주지 않았을 때 그들이 흘렸던 눈물을 보여 주셨다.
사랑하는 아내의 마음을 아프게 했던 일을 보여 주셨다.
아내는 내가 했던 일들과 내가 있었던 장소를 알고 있었기 때문이다.
하나님은 또 나를 위하여 말없이 기도하시던 어머니의 모습을 보여 주셨다.
내가 하나님을 알도록, 나의 영혼이 구원받고 죄에서 자유를 얻도록
하나님은 어머니가 돌아가시기 전에 하셨던 한 가지 소원을 보여 주셨다.
자식들이 교회에 가는 것을 보게 해 달라고 하는 것,
엄마는 이제 그곳에 예수님과 함께 계시지만,
그녀의 기도는 응답되었고, 나의 영혼이 구원을 받고 자유를 얻었다.
이제 나는 예수님을 위한 삶을 살고 있고, 오, 기쁨을 누린다.
나의 아내와 자녀들이 미소 띤 얼굴로 찬양을 하는 모습을 보며
나는 하나님께 모든 영광을 드리며 그에게 찬양을 드린다.
그분의 아들이 죽으시지 않았다면 나도 죄에서 자유를 얻지 못하였으리
당신도 골짜기에서 길을 잃고 헤매고 있다면
주님의 이름을 찾으시오, 그리하면 그가 당신의 기도를 들으실 것이오.

THE PASTOR'S WIFE

Judy Dycus

She's a Godly woman, she has such grace
Always a warm greeting, a smile on her face.
She's always encouraging, she knows her place.
She is - The Pastor's Wife.

She has to always look just right
Always on time, though the schedule's tight.
From early morning, 'til late at night
Always - The Pastor's Wife

She's such a Lady, everyone's friend
She serves with love from deep within.
All the rifts she tries to mend
Oh she's - The Pastor's Wife

She carries your burdens, she prays for you
Sometimes she cries the whole night through.
But you won't know when she's feeling blue,
'Cause she's - The Pastor's Wife

At church as she starts to walk up the aisle,
So many need to stop and talk for awhile.
Though she is tired, she has her own trials
She's patient, she's - The Pastor's Wife

Her life, her time, is not her own
There's always a need, they go on and on
With a knock at the door, or a ringing phone.
That's the life of - The Pastor's Wife

Her husband she shares with a whole congregation
She humbly accepts his intense dedication.
In loneliness she kneels to see consolation
God Bless - The Pastor's Wife

She will someday reach the end of this race
As she meets her Master face to face
Surely our God has a Special Place

목회자의 아내

쥬디 디커스

그녀는 경건하며, 은혜가 충만합니다.
얼굴엔 언제나 따뜻한 인사와 미소가 있고
남을 격려하며, 자신의 위치를 잘 아는 여인이랍니다.
그녀는 바로 --- 목회자의 아내.

그녀는 언제나 의롭게 살아야하며
이른 아침부터 늦은 밤까지 일과가 아무리 분주해도
시간을 잘 지켜야한답니다
그녀는 --- 목회자의 아내.

그녀는 훌륭한 여인, 모두의 친구랍니다
마음속에서 우러나오는 진정한 사랑으로 섬깁니다.
모든 갈라진 틈을 메우는
아, 그녀는 --- 목회자의 아내.

그녀는 우리의 짐을 덜어주며 우리를 위하여 기도합니다.
가끔 그녀는 밤을 새워 울기도 합니다.
하지만 아무도 그의 슬픔 아는 이 없답니다,
왜냐하면 그녀는 --- 목회자의 아내이기 때문이죠.

그녀는 교회 복도 위를 걸어가면서
걸음을 멈추고 잠시 대화를 나누어야 할 때가 잦답니다.
비록 심신이 지치고, 남모르는 시련이 있어도
인내합니다, 그녀는 --- 목회자의 아내.

그녀의 삶과 시간은 그녀의 것이 아니랍니다.
언제나 그녀를 필요로 하는 일들이 끊임없이 계속됩니다.
누군가 문을 두드리거나, 전화벨을 울리곤 하지요
그것은 바로 --- 목회자 아내의 삶

그녀는 남편을 모든 교인들과 공유합니다.
그녀는 겸손히 남편의 헌신을 수용합니다.
그녀는 외로이 무릎 꿇고 하나님이 주시는
위로를 바라봅니다. --- 목회자의 아내.

언젠가 그녀는 이 경주의 목적지에 도달 할 것입니다.
그의 주인 되신 하나님을 대면할 때
정녕 하나님께서는 그녀에게 특별한 자리를 마련해 주실 것입니다.

MY TURN IN THE NURSERY

Last Sunday was my turn in the Nursery to work
My heart wasn't in it; and my feelings were hurt;
A child from its Mother did not want to part
And it cried at lot with its broken heart

I prayed that soon the hour would end
Then I could relax - no more children to tend
Soon the hour was over - felt good to be free
I said, "Once a month is too much for me"

That very next Sunday as I sat in the pew
A very good sermon but visitors were few
But down came a woman and her soul was saved
And she was that Mother of that crying babe

Then it dawned on me that I had been a part
Of one being saved - giving God their heart
From that day on I never would dread
Working in the Nursery while souls were being fed

유아 실 당번

지난 주일은 내가 유아 실에서 봉사하는 날이었지요.
하지만 내 마음은 다른데 있었고 나의 감정도 상해 있었습니다;
한 아이가 엄마 품에서 떨어지려 하지 않았습니다.
그 아이는 마음이 상하여 큰 소리로 울었습니다.

나는 그 시간이 속히 끝나고, 몸을 쉴 수 있기를
그리고 아이 돌보는 일을 끝내기를 기도했습니다.
드디어 시간이 다 되어 --- 자유로운 몸이 되어 기분이 좋았습니다.
"한 달에 한번 씩은 무리야"라고 말했지요.

바로 그 다음 주일에 나는 회중석에 앉아있었습니다
설교는 훌륭했는데, 듣는 이는 거의 없었습니다.
그 때 한 여인이 찾아와 설교를 듣고 영혼이 구원 받았습니다.
그런데 그녀는 바로 그 울던 아이의 어머니였습니다.

그녀가 구원을 받는 그 사역에 나도 동참하였다는
생각이 들었습니다 --- 하나님께 마음을 드리는 일에
그날부터 영혼이 말씀으로 양육 받는 동안
유아 실에서 봉사하는 사역이 두렵지 않았습니다.

SERVICE IS NOT SPELLED SERVE-US

Prepare my heart for serving,
Let my spirit heed Your call;
In obedience to the Father,
Our Lord and King of all.

Fill my thoughts with You, Lord,
Renew my mind today...
I give you full control,
In the things I do and say.

Take these hands You gave me,
And use them for Your good...
To glorify Your Kingdom,
In the ways I know I should.

Remove all doubt within me,
Lord, I trust You'll find a way,
To mold me in Your image...
As I walk with You today.

참된 섬김

섬기는 마음을 주옵소서.
당신의 소리에 귀 기울이는 영을 주소서;
우리의 주, 만왕의 왕,
아버지께 순종하게 하옵소서.

저의 생각을 주님 당신으로 가득 채워주소서.
오늘 제 마음을 새롭게 하여 주소서...
제가 행하는 일과 하는 말을,
온전히 주장하여 주옵소서.

당신이 주신 이 손을 드립니다,
당신의 선한 일에 사용하여 주소서...
당신의 나라를 영화롭게 하는 일에
마땅한 방법으로 섬기게 하옵소서.

제 속에 있는 모든 의심을 제거하여 주소서,
주여, 저를 빚어 당신의 형상으로 만드는 법을
제시하여 주소서...
오늘도 당신과 함께 동행 할 때.

A MARRIAGE PRAYER

Connie Cook

Lord, be in this marriage
In a special way,
May we feel Your presence
Each and every day.

Grant us both good humor
To surpass our coming years;
May there always be much laughter
May there always be less tears.

Give us strength and courage
To follow in Your will,
To trust You in the valley
As we do upon the hill.

Give us both the eyes of love
So we'll always see
The goodness in each other,
Secure us, Lord, in Thee.

Give us words of kindness, Lord,
Help us both to live
So our lips are ever quick
In saying, "I forgive."

Give us hearts that beat as one,
Bind us ever near;
May our love grow deeper, Lord,
With each passing year.

Lord, be in this marriage,
Keep our love brand new;
May we love each other, Lord,
The same way that You do.

결혼식 기도

코니 쿡

주여, 이 결혼식에 특별히
임하셔서,
날마다 순간마다
당신의 임재를 느끼게 하소서.

우리 두 사람에게 유모어를 주셔서
닥아 오는 세월을 재미있게 보내게 하소서;
언제나 웃음이 끊이지 않게하시고
눈물이 없게 하소서.

우리에게 힘과 용기를 주셔서
당신의 뜻을 따르게 하시고,
언덕길을 올라갈 때 당신을 의지하게 하시고
골짜기를 걸어 갈 때에도 그러하게 하소서.

우리 두 사람에게 사랑의 눈을 주셔서
언제나 서로의 장점만
보게 하소서
주여, 저희들을 지켜주시옵소서.

주여, 우리에게 친절한 언어를 주셔서
"용서합니다"라는 말을
상대방 보다 먼저하며
살아가게 하옵소서.

저희들의 심장이 하나로 박동치게하시며,
저희들을 가까이 묶어 주소서;
주여, 우리들의 사랑이 해가 갈수록
날마다 자라가게 하소서.

주여, 이 결혼으로 인하여,
우리의 사랑이 새롭게 되게 하소서;
주여, 당신이 우리를 사랑하심 같이,
그런 사랑으로 저희가 서로 사랑하게 하소서.

THE ROAD NOT TAKEN

                                            Robert Lee Frost

Two roads diverged in a yellow wood,
And sorry I could not travel both
And be one traveler, long I stood
And looked down one as far as I could
To where it bent in the undergrowth;

Then took the other, as just as fair,
And having perhaps the better claim,
Because it was grassy and wanted wear;
Though as for that the passing there
Had worn them really about the same,

And both that morning equally lay
In leaves no step had trodden black.
Oh, I kept the first for another day!
Yet knowing how way leads on to way,
I doubted if I should ever come back.

I shall be telling this with a sigh
Somewhere ages and ages hence:
Two roads diverged in a wood, and I--
I took the one less traveled by
And that has made all the difference.

가지 않은 길

로버트 리 프로스트

노랗게 물든 숲 속에 길이 두 갈래로 났었습니다.
나는 두 길을 다 가지 못하는 것을 안타깝게 생각하면서,
나그네가 되어 오랫동안 서서
한 길이 굽어 꺾여 내려간 데까지,
바라다볼 수 있는 데까지 멀리 바라다보았습니다.

그리고는 똑같이 아름답고
더 좋아 보여 다른 길을 택했습니다.
그 길에는 풀이 더 무성하고 사람이 걸은 자취가 적었습니다;
그러나 비록 그 길을 걸으므로,
그 길도 진정으로 거의 같아질 것이지만.

그 날 아침 두 길에는
낙엽을 밟은 자취는 없었습니다.
아, 나는 다음 날을 위하여 한 길은 남겨 두었습니다.
길은 길에 연하여 끝없음을 알므로
내가 다시 돌아올 것을 의심하면서.

수많은 세월이 지나간 후에 나는 어디선가
한숨을 쉬며 이야기할 것입니다.
숲 속에 두 갈래 길이 있었다고, 그리고 나는
사람이 적게 간 길을 택하였다고,
그리고 그것 때문에 모든 것이 달라졌다고.

Stopping By Woods on a Snowy Evening

Robert Frost

Whose woods these are I think I know.
His house is in the village though;
He will not see me stopping here
To watch his woods fill up with snow.

My little horse must think it queer
To stop without a farmhouse near
Between the woods and frozen lake
The darkest evening of the year.

He gives his harness bells a shake
To ask if there is some mistake.
The only other sound's the sweep
Of easy wind and downy flake.

The woods are lovely, dark and deep.
But I have promises to keep,
And miles to go before I sleep,
And miles to go before I sleep.

눈오는 저녁 숲가에 서서

로버트 프로스트

이게 누구네 숲인지 알듯하다.
그 사람 집은 마을에 있지.
그인 모르리라. 내가 여기 서서
자기 숲에 눈 쌓이는 모습을 지켜보는 걸.

내 조랑말은 기이하게 여기리라.
숲과 얼어붙은 호수 사이에
농가라곤 가까운 데 없는데
연중 가장 캄캄한 이 저녁에 길을 멈췄으니.

말은 방울을 흔들어 댄다.
뭐가 잘못됐느냐고 묻기라도 하듯
그밖엔 오직 가볍게 스쳐 가는
바람소리, 부드러운 눈송이뿐.

숲은 아름답고, 어둡고, 깊다.
하지만 난 지켜야 할 약속이 있고
잠들기 전에 갈 길이 멀다.
잠들기 전에 갈 길이 멀다.

The Rainbow

William Wordsworth

My heart leaps up when I behold
A rainbow in the sky: So was it when my life began;
So is it now I am a man;
So be it when I shall grow old,
Or let me die! The Child is father of the Man;
And I could wish my days to be
Bound each to each by natural beauty.

무지개

윌리엄 워즈워드

하늘의 무지개를 바라볼 때면
언제나 내 가슴은 뛰노나니
나의 삶이 시작한 그 때도 그러하였고
어른 된 지금도 그러하거늘 나 늙어서도 그러할지어다
아니면 이제라도 나의 목숨 거둬 가소서
어린이는 어른의 아버지
바라건대 내 삶의 하루하루가 자연의 경건으로 이어지기를

DAFFODILS

William Wordsworth

I wandered lonely as a cloud
That floats on high o'er vales and hills,
When all at once I saw a crowd,
A host, of golden daffodils;
Beside the lake, beneath the trees,
Fluttering and dancing in the breeze.

Continuous as the stars that shine
And twinkle on the milky way,
They stretched in never-ending line
Along the margin of a bay:
Ten thousand saw I at a glance,
Tossing their heads in sprightly dance.

The waves beside them danced, but they
Out-did the sparkling leaves in glee;
A poet could not be but gay,
In such a jocund company!
I gazed?and gazed?but little thought
What wealth the show to me had brought:

For oft, when on my couch I lie
In vacant or in pensive mood,
They flash upon that inward eye
Which is the bliss of solitude;
And then my heart with pleasure fills,
And dances with the daffodils.

수선화

월리엄 워즈워드

나는 골짝과 언덕 위 높이 둥둥 떠다니는
한 조각의 구름처럼 외로이 방황하였네.
그때 나는 갑자기 한 무리를 보았네,
황금빛 수선화 무리를;
호숫가 나무 아래,
산들 바람에 팔랑이며 춤추는 수선화를.

은하수 위에 늘어서
반짝반짝 빛나는 별처럼,
호숫가를 따라
끝없는 행렬로 뻗어있구나:
즐거이 춤추며 머리를 치켜든,
수만 그루의 수선화를 한눈에 보았네,

파도가 수선화 곁에서 춤추지만,
환희 속에서 반짝이는 잎을 드러낸다;
이런 멋진 동무와 함께
시인도 즐거워 할 수밖에!
나는 아무 생각 없이 보고 또 보았네
나에겐 더 할 나위 없이 값진 것이라네.

종종 한가하게 시름에 잠긴 채
의자에 누워 있을 때,
눈 속을 스치고 지나가네
이것은 고독한 자에게 주는 축복일세;
그러면 내 마음 환희에 차서,
수선화와 함께 춤을 춘다.

References

1. http://khalidamaricco.spaces.live.com/blog/cns!88F8F4D214 0A7ACA!123.entry
2. http://potentpoetry.blogspot.com/2008/07/always-say-prayer-asap.html
3. http://www.angelfire.com/tx2/christianpoetry/stairs.html
4. http://www.christianpoets.com/
5. http://www.motivateus.com/stories/faith.htm
6. http://www.poetry4u.net/newpoetry4u/aboutme.htm

현대인의 영혼을 풍요롭게 하는
영어 기도 詩의 향기

■
초판 1쇄 인쇄 / 2010년 3월 10일
초판 1쇄 발행 / 2010년 3월 15일

■
편 역/차 재 국
펴낸이/김 수 관
펴낸곳/도서출판 영문
122-070 서울시 은평구 역촌동 10-82
☎ (02) 357-8585
FAX • (02) 382-4411
E-mail • kskym49@yahoo.co.kr

■
출판등록번호/ 제 03-01016호
출판등록일/ 1997. 7. 24

파본은 교환해 드립니다.
본 출판물은 저작권법으로 보호 받는
저작물이므로 출판사나 저자의 허락없이
무단 전재나 무단 복제를 할 수 없습니다.

정가 13,000원
ISBN 978-89-8487-269-1 03230
Printed in Korea